Die Alhambra

Andreas Friedrich

Die Alhambra

Geschichte – Kunst – Architektur

Bibliografische Information der Deutschen Nationalbibliothek:
Die Deutsche Nationalbibliothek verzeichnet diese Publikation
in der Deutschen Nationalbibliografie; detaillierte bibliografische
Daten sind im Internet über http://dnb.dnb.de abrufbar.

© 2017 **Andreas Friedrich**

Herstellung und Verlag: BoD – Books on Demand, Norderstedt
ISBN: 978-3-743-174252

Inhalt

Vorwort	6
Der geschichtliche Rahmen: Die Mauren in Spanien	7
Die Baugeschichte der Alhambra	26
Wege zur Alhambra	30
Architektur und Struktur der Alhambra	45
Die Alcazaba	45
Der Palast Karls V.	52
Der Mexuar-Palast	56
Der Comares-Palast mit dem Myrtenhof	60
Der Löwenhof	72
Die christlichen Räume im Palastbereich	77
Der Partal-Palast	81
Türme und weitere Sehenswürdigkeiten	83
Der Generalife	87
Historische Reiseberichte	93
Der Autor/Bildnachweis	100

Vorwort

Die Alhambra ist eines der faszinierendsten Bauwerke weltweit. Wer ihren Anblick mit den schneebedeckten Bergen der Sierra Nevada im Hintergrund einmal genossen hat, wird ihn niemals mehr vergessen.
Die grandiose Palaststadt ist das bedeutendste Zeugnis der arabischen Herrschaft in Spanien und verweist auf eine Epoche voller Konflikte, aber ebenso auf ein zeitweises konstruktives Miteinander von maurischer Kultur und europäischem Mittelalter.
Die Faszination des Autors für das europäisch-arabische Ambiente Andalusiens hält seit vielen Jahren an. Das Interesse weckten zunächst einige Alhambra-Besuche im Rahmen eines ersten Sprachkurses, dann folgten zwei Auslandssemester an der Universität Granada, Studienreiseleitung und viele weitere Besichtigungen im Rahmen von Urlaubsaufenthalten und der Arbeit an einem Wanderbuch. Der Spanien-Boom hält weiter an und damit das Interesse an Andalusien und seiner spannenden Geschichte zwischen Morgen- und Abendland. Es lag nahe, ein Buch speziell über die Alhambra zu konzipieren, welches über den Rahmen eines Reiseführers hinausgeht, mit mehr Detailinformationen zu Architektur, kulturellem und geschichtlichem Hintergrund. Ich habe versucht, zu Gunsten der besseren Lesbarkeit so weit wie möglich auf spezielles kunsthistorisches Fachvokabular zu verzichten. Interessierte Leser können sich der angegebenen Literatur widmen, die weitere spezielle Aspekte behandelt. Einige Auszüge aus historischen Reiseberichten sollen das Bild der Alhambra abrunden. Noch viel mehr wäre zu sagen über die Sozial-, Wirtschafts- und Alltagsgeschichte Granadas und der Alhambra, vielleicht ja im Rahmen einer späteren Neuauflage. Der Denkmalschutz in Granada ist dynamisch, und viele früher geschlossene Gebäude öffnen inzwischen in saniertem Zustand ihre Pforten.
Ihnen, liebe Leser, wünsche ich eine gewinnbringende Lektüre und einen spannenden Aufenthalt in Granada und auf der Alhambra.

Winter 2016/17, Andreas Friedrich

Der geschichtliche Rahmen: Die Mauren in Spanien

Die nasridische Herrschaft von Granada war das letzte Aufblühen der arabisch-maurischen Kultur auf der Iberischen Halbinsel. Für das Verständnis der historischen Verhältnisse ist es hilfreich, sich mit den Grundzügen der großräumigen geschichtlichen Prozesse zu befassen, die über die Jahrhunderte eine enorme Dynamik entfalteten.

Ab der Jungsteinzeit war Andalusien besiedelt, Zeugnis davon geben z. B. die Dolmen von Antequera in der Nähe von Granada. In der Antike wurden die Iberer erwähnt, die vermutlich aus dem Atlasgebirge eingewandert waren und als die eigentliche Urbevölkerung Spaniens und Portugals gelten. Die Seefahrernationen aus Phönizien und Griechenland gründeten an den Küsten ihre Niederlassungen, wie Gadir, das heutige Cádiz. Ab etwa 200 vor Christus dominierten die Römer die Iberische Halbinsel, Andalusien wurde zur römischen Provinz Hispania Ulterior. Die Römer bauten eine umfangreiche Infrastruktur auf, darunter Wasserleitungen und Straßen, und führten ihr Rechtssystem ein. Der einheimische Widerstand gegen die Römer kam zum Erliegen, führende Familien arrangierten sich im Zuge einer Romanisierung mit den neuen Herrschern. Die römische Provinz Baetica entstand, aus der sogar römische Kaiser wie Hadrian und Trajan hervorgingen.
In der Zeit der Völkerwanderung lösten die Westgoten als militärisch stärkstes der germanischen Völker ab dem 5. Jahrhundert die Römer ab. Doch viele Intrigen der in sich verfeindeten Westgoten schwächten ihre Position nach außen. Ein Konflikt zwischen Fürst Witiza und König Roderich war schließlich der Auslöser für den Sprung arabischer Heerführer über die Meerenge von Gibraltar.

Die Vorgeschichte ist eigentlich die Geschichte vom Siegeszug des Islam und der Araber. Endlich vereinigt unter der neuen gemeinsamen Religion von Begründer Mohammed, begann die Expansion aus der

Region von Mekka und Medina. Mohammed war ein weit gereister Karawanenbegleiter, der eine Synthese mehrerer nahöstlicher Strömungen vollbrachte, von der persischen Tradition bis hin zur klassisch griechischen Philosophie aus der Lehre Platons. Gott, arabisch „Allah", war für Mohammed der eigentliche Kern der Welt, die physische Welt hingegen nur dessen Abbild. Daraus leitet sich im Islam das Abbildungsverbot ab, denn das „Wesen der Welt" ist nicht personifizierbar. Daher genießt die Kalligraphie, also die Schriftkunst, umso höheres Ansehen. Sie gibt die göttliche Offenbarung wieder, und so steht die Dichtkunst im Islam in einem sehr hohen Rang, wie wir im Abschnitt über die Inschriften in der Alhambra noch sehen werden. In der Zeit zwischen 610 und 632 begründete Mohammed einen Staat aus den vereinten arabischen Stämmen. Diese setzten sich durch gegen Byzanz und das Persien der Sassaniden, die sich im Konflikt miteinander verausgabt hatten. Schon 14 Jahre nach dem Tod Mohammeds gelangten die ersten Heere bis nach Tunesien. Gegen den Widerstand von Berberstämmen setzten sich Ende des 7. Jahrhunderts die aus dem vorderen Orient stammenden Omaijaden in Nordwestafrika durch.

Im Jahr 711 landete der Berber Tāriq ibn Ziyād mit seinem Heer in der Region von Algeciras ganz im Süden der Iberischen Halbinsel und unterwarf nach der Schlacht am Río Guadalete das seit dem 5. Jahrhundert bestehende Westgotenreich. Bis 719 eroberten die Mauren die gesamte Iberische Halbinsel. Der westgotische Herrscher Pelayo begann darauf eine Rebellion in einem entlegenen Berggebiet Asturiens und besiegte 722 in der Schlacht von Covadonga eine muslimische Streitmacht. Der Sieg von Covadonga gilt in Spanien als Beginn der Reconquista, wobei die christlichen Herrscher wohl keine Gesamtstrategie für die umfassende Rückeroberung der Iberischen Halbinsel hatten.

Zwischen 719 und 725 drangen die Muslime über die Pyrenäen vor und eroberten Septimanien, einen Landstrich um Narbonne, der zum Westgotenreich gehört hatte. Ihren Vorstoß in das Frankenreich konnte aber Karl Martell 732 in der Schlacht bei Tours und Poitiers abwehren.

Hintergrund: Die Mauren

Im Zuge der Entwicklung des islamischen Großreichs gab es keine Homogenität, vielmehr ein stetes Auf und Ab vieler konkurrierender Interessen. Zwar sorgten die arabischen Stämme aus dem vorderasiatischen Raum für eine Expansion nach Westen, doch gab es im Raum des heutigen Marokko und der anderen Maghrebländer ebenfalls starke Kräfte. Diese islamisierten sich zwar, hatten aber bei der Eroberung der Iberischen Halbinsel eigene Interessen. Schon die römischen Legionen hatten es in Nordafrika oft mit aggressiven Stämmen zu tun gehabt, die man Mauri oder Marusier nannte. Während in der Spätantike das weströmische Reich zerfiel, bildeten sich im 5. Jahrhundert mindestens sieben kleine maurische Kleinkönigreiche. Auch die Vandalen und die nachrömischen Herrscher Karthagos bekriegten sich mit ihnen. Erst den muslimischen Arabern gelang es, die oft noch halbnomadisch lebenden Mauren besser zu kontrollieren. Als Mauren werden die in Nordafrika teils nomadisch lebenden Berberstämme verstanden, die vom 7. bis ins 10. Jahrhundert von den Arabern islamisiert wurden und diese bei ihrer Eroberung der Iberischen Halbinsel als kämpfende Truppe unterstützten. Doch war dies keine homogene ethnische Gruppe: die Truppen, die als erste nach Spanien vordrangen, bestanden weniger aus Arabern sondern vielmehr aus Berbern. Im späteren Mittelalter, insbesondere seit der Zeit der Kreuzzüge, nannte man die Mauren auch Sarazenen. Die Herkunft des Begriffs ist nicht endgültig geklärt. Neben der Herleitung von griech. mauros „dunkel" kommt auch die Herkunft aus einer nordafrikanischen Berbersprache in Betracht. Im Spanischen steht der Begriff „El Moro" verallgemeinernd für die Bevölkerung südlich der Meerenge von Gibraltar. Der Begriff „Mauren" lebt heute noch in der Bezeichnung für den Staat Mauretanien weiter, bereits in der Antike waren die Provinzen Mauretania Caesariensis und Mauretania Tingitana Teile des Römischen Reiches.

Die frühe Periode der arabisch-maurischen Herrschaft unter den Omaijaden aus Damaskus ist bekannt für eine weitreichende Religionstoleranz, die Christen, Juden und Muslime einander entgegenbrachten. Im Jahr 1031 brach jedoch das Kalifat von Córdoba zusammen, woraus die Taifa-Königreiche hervorgingen, die bald unter die Herrschaft nordafrikanischer Mauren kamen. In einem dieser Kleinstaten, dem schon 1019 gegründeten der Ziriden von Granada, kam es 1066 zum ersten Judenpogrom Europas. Mehrere Berber-Dynastien wechselten sich als Machthaber im Maghreb und auf der Iberischen Halbinsel ab: Die Almoraviden (ca. 1050–1147), Almohaden (1147–1269) und Meriniden (1269–1465).

Als „maurische Kunst" bezeichnet man die Kunst des islamischen Westens (Andalusien, Maghreb). Die Mezquita de Córdoba als frühes Meisterwerk entstand noch in der Tradition des islamischen Ostens. In ihren Anfängen war die islamische Kunst noch in hohem Maße antikrömisch und byzantinisch beeinflusst. Nach und nach übernahmen maghrebinische Kunsthandwerker Elemente aus der arabischen Kunst des vorderen Orients und verknüpften diese mit eigenen Materialien und Dekormotiven, was besonders in der Architektur deutlich wird.

Die Omaijaden

Die neu eroberten Gebiete auf der Iberischen Halbinsel unterstanden zunächst dem Kalifat der Omaijaden in Damaskus. Doch die Abbasiden aus Bagdad setzten sich in einem Glaubenskrieg durch, der abbasidische Herrscher Abd ar-Rahman I. musste aus seinem Land fliehen und gelangte nach langer Reise nach Andalusien. Die dortigen Berbertruppen standen im Konflikt mit der arabischen Führung, sodass der adlige Neuankömmling gerade recht kam und die Führungsposition mit sich selbst neu besetzte. Im Mai 756 wählte Abd ar-Rahman nach gewonnener Entscheidungsschlacht Córdoba als seine Hauptstadt und begründete eine dreißigjährige, erfolgreiche Herrschaftsepoche. Es gelang ihm, Berber und Araber miteinander zu versöhnen, was die

Grundlage bildete für den Sieg gegen eine angreifende Armee der Abbasiden, die nach wie vor eine Bedrohung darstellten. Auch der Bau der großen Mezquita in Córdoba (Baubeginn 785) geht auf seine Initiative zurück. Al-Andalus konnte sich erfolgreich an zwei Fronten zur Wehr setzen, gegen die Christen im Norden und gegen verfeindete arabische Heere im Süden. Abd ar-Rahman III. als Nachfolger führte das Omaijadenreich von Córdoba aus zu einer Epoche voller Reichtum, seine Herrschaftsepoche dauerte fast ein halbes Jahrhundert von 912 bis 961. Er ernannte sich selbst zum Kalifen, also zum höchsten Herrscher der islamischen Welt und zum legitimen Nachfolger Mohammeds. In dieser Zeit war Córdoba die bedeutendste Stadt Europas: Man schätzt die damalige Einwohnerzahl auf zwischen einer halben Million und einer Million Menschen. Vor den Toren entstand die märchenhafte Palaststadt Medina Azahara, deren Glanz und Pracht man noch ein wenig beim Rundgang durch die heutige Ruinenstätte erahnen kann. Die maurischen Herrscher agierten vorausschauend und einten geschickt die unterschiedlichen Bevölkerungs- und Interessengruppen in ihrem Gebiet. Juden und Christen genossen gegen die Zahlung von Sondersteuern Religionsfreiheit und eine eigene Rechtsprechung. Ganz obenan standen die Förderung von Wissenschaft und Kunst, sodass an den Höfen berühmte Ärzte und Astronomen aus dem arabischen Raum, aber auch aus dem Abendland ihr Wissen weitergeben und erweitern konnten. Es entstanden Schulen und Krankenhäuser, das Bildungswesen florierte. Hochschulen und Bibliotheken, eine Vielzahl öffentlicher Bäder und viele weitere Errungenschaften deuten auf eine sehr moderne Metropole hin. In der Landwirtschaft brachten Innovationen und die Übernahme von arabischen Landwirtschaftstechniken wie Kanalsysteme und Wasserrädern große Erfolge. Viele Nutzpflanzen gelangten aus dem Orient nach Europa: Zitrusfrüchte und Aprikosen, Auberginen und Artischocken, Feigen, Zuckerrohr, Baumwolle und Reis. Auch wenn der Vergleich mit dem finster und rückständig erscheinenden Abendland deutlich zugunsten des Omaijaden-Kalifats ausfällt, darf man nicht in das Klischeebild eines friedlichen Garten Eden verfallen. Die Herrscher in Córdoba mussten sich ebenfalls einer Vielzahl innerer und äußerer

Feinde erwehren und es gab blutige Machtkämpfe und Revolten. Aufreibend waren auch die äußeren Konflikte, denn es gab immer wieder unterschiedliche Allianzen zwischen christlichen Fürsten und abtrünnigen maurischen Regionalherrschern.

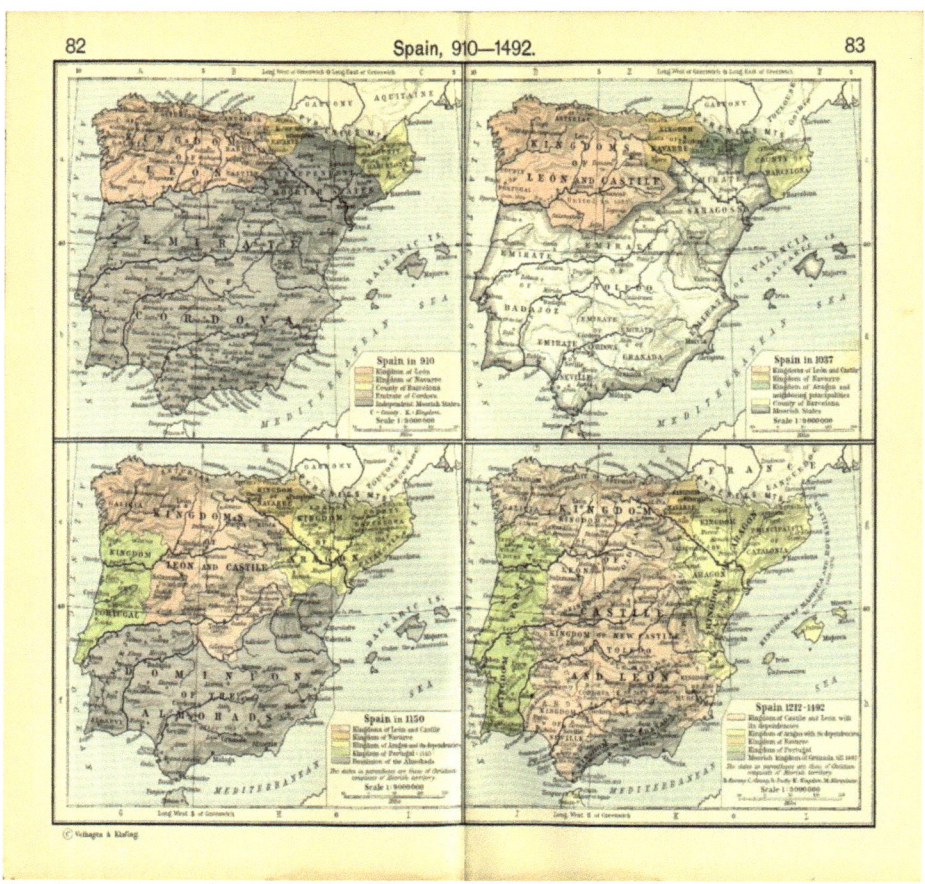

Die Entwicklung der maurischen Herrschaftsgebiete auf der Iberischen Halbinsel.

Unter Almansor (978–1002) erreichte das Omaijadenreich seine größte Ausdehnung und militärische Macht. Die Heere eroberten Barcelona zurück, welches zwei Jahrhunderte lang unter christlicher Herrschaft stand und nahmen Santiago de Compostela ein. Doch nach Almansor zerfiel das Reich auf Grund von Rivalitäten und Nachfolgescharmützeln. Das mächtige Kalifat von Córdoba zerfiel in 30 Kleinstaaten, die „Taifas". Dies machte es den christlichen Herrschern leichter, von Norden her die Rückeroberung der Iberischen Halbinsel voranzutreiben, die sogenannte „Reconquista".

Das Königreich Granada in Andalusien (verschiedene Phasen der Ausdehnung).

Die Reconquista

Die Reconquista unterscheidet grob drei Phasen. Die erste Phase dauerte von der christlichen Rebellion in Asturien (718) bis zur Rückeroberung der alten Königsstadt Toledo im Jahr 1085. Die zweite Phase (1086–1212) war durch das Eingreifen nordafrikanischer Kräfte charakterisiert, was den Vormarsch der Christen zeitweilig stoppte; in dieser Phase nahmen die Konflikte stärker als zuvor den Charakter eines

Religionskrieges an. Sie endete mit einem entscheidenden militärischen Triumph der Christen. In der dritten Phase (1213–1492) wurden die Muslime auf ein überschaubares Gebiet mit dem Zentrum Granada zurückgedrängt, das schließlich ebenfalls erobert wurde.

Erste Phase der Reconquista: 718–1085

Schon im 8. Jahrhundert konnten die Könige von Asturien ihr Herrschaftsgebiet beträchtlich ausdehnen und die Muslime auch aus Galicien vertreiben. Im Verlauf des 9. bis 11. Jahrhunderts eroberten die christlichen Königreiche allmählich weite Teile der Iberischen Halbinsel. Zugleich bestanden aber auch viele enge wirtschaftliche und persönliche Verbindungen zwischen Christen und Muslimen. In einer komplizierten Gemengelage gab es sowohl Konflikte zwischen Christen und Muslimen, aber auch Bündnisse untereinander. Christliche Heerführer wie „El Cid" (in einem monumentalen Historienfilm dargestellt von Charlton Heston) schlossen Verträge mit regionalen muslimischen Herrschern der Taifas, um an deren Seite zu kämpfen. Eine weitere Symbolfigur ist der Heilige Jakobus, der in Spanien „Santiago" genannt wird. Wegen des ihm zugeschriebenen Beistandes in der Schlacht von Clavijo (844) betrachtet das christliche Spanien ihn als Schutzheiligen. Sein Beiname „Matamoros", der „Maurenschlächter" unterstreicht seine militärische Bedeutung – in der Kathedrale Granadas findet sich eine Holzskulptur, die Santiago zu Pferd in der Schlacht zeigt, mit seinem Speer tötet er einen muslimischen Soldaten. Zentrum des Kults war sein angebliches Grab in Santiago de Compostela. Wie schon erwähnt, konnten die Christen nach Almansors Tod (1002) von inneren Wirren zwischen den muslimischen Kleinkönigreichen (Taifas) profitieren und weiter nach Süden vordringen.

Zweite Phase der Reconquista: 1086–1212

Vor allem mit dem Fall Toledos (1085) richtete sich die Reconquista gegen Kerngebiete von „Al-Andalus" des arabischen Südens der Iberischen Halbinsel, deren Verlust aus muslimischer Sicht existenziell war. Damit erhielt die Auseinandersetzung eine großräumige Bedeutung; die Muslime riefen im Jahr 1086 die nordafrikanische Berberdynastie der Almoraviden zu Hilfe. Diese proklamierten den Dschihad zur Verteidigung des Islam und stoppten den Vormarsch der Christen zeitweise. Dabei übernahmen sie selbst die Herrschaft im muslimischen Teil Spaniens und gliederten diesen dem Almoravidenreich ein. Eine straffe Zentralregierung löste die Zersplitterung in Taifas ab, allerdings brachen die Almoraviden mit dem Prinzip der Toleranz – vor allem die Mozaraber, unter maurischer Herrschaft lebende Christen und auch die jüdische Bevölkerung litten unter Unterdrückung. Die noch fundamentalistischer ausgerichteten Almohaden übernahmen das Regime der Almoraviden und steigerten sogar noch den Grad der Unterdrückung. Doch nach außen hatten die Almohaden einen schweren Stand, denn die christlichen Heere gewannen mehr und mehr an militärischer Macht, nicht zuletzt durch strategische Allianzen.

Im Hochmittelalter nahmen weitere europäische Königshäuser wie die Franzosen unter Alfons VIII. gemeinsam mit den christlichen Iberern den Kampf gegen die Muslime auf und zogen ihrerseits in den Heiligen Krieg. Ritterorden nach dem Vorbild der Tempelritter, wie der Santiagoorden, der Orden von Calatrava, der Alcántaraorden und der Orden von Montesa, wurden gegründet oder gestiftet; die Päpste riefen die europäischen Ritter zum Kreuzzug auf die Halbinsel.
Entscheidender Wendepunkt war die Schlacht bei Las Navas de Tolosa im Juli 1212. Truppen der verbündeten Königreiche von Kastilien, Navarra, Aragón und León sowie französische Kontingente besiegten die Almohaden unter Kalif Muhammad an-Nasir.

Letzte Phase der Reconquista: 1213–1492

Wichtige Regionen und Städte fielen an die christlichen Herrscher: auf Córdoba (1236) und Sevilla (1248), Valencia (1238) und die Algarve (1250) folgten auch Murcia und Granada. 1262 brach mit marokkanischer Hilfe ein muslimischer Aufstand in ganz Andalusien aus. Nur

das 1238 gegründete Nasriden-Emirat von Granada blieb als kastilischer Vasallenstaat vorerst noch muslimisch. 1246 erklärten sich die Nasriden bereit, an die Christen Tribut zu zahlen. Im 15. Jahrhundert hatte Kastilien die militärische Macht, das Nasridenreich einzunehmen, aber die Könige zogen die Tributerhebung vor, zumal die funktionierenden Handelsbeziehungen der Nasriden gute Einnahmen bescherten. Zudem war wohl das gebirgige östliche Andalusien, also das Gebiet der heutigen Provinzen Málaga, Granada und Almería, leicht zu verteidigen und dementsprechend aufwendig zu erobern. Der Handel mit Granada bildete einen Hauptweg für afrikanisches Gold in das mittelalterliche Europa und das Königreich Granada gelangte für mehrere Generationen zu einer letzten Glanzphase maurisch-arabischer Hochkultur. Die Bevölkerung darf man sich vorstellen als eine Mixtur verschiedener arabischer Stämme wie der Baladiyyun, hinzu kamen Berber aus dem Atlasgebirge Marokkos und Christen, wobei sich viele Mozarabergemeinden bereits aufgelöst hatten. Ihre Angehörigen waren schon während der Christenverfolgungen durch Almoraviden und Almohaden in Richtung der christlich besetzten Gebiete geflohen. Doch es gab sowohl in der Leibgarde des Sultans als auch in Handelshäusern viele Christen, vor allem aus den das Mittelmeer umspannenden Netzwerken der Genueser, der Venezianer, der Katalanen und der Florentiner. Auch viele christliche Gefangene gab es, die meist Zwangsarbeit leisten mussten, bis sie vielleicht durch Lösegeldzahlung ausgelöst wurden. Es gab nur noch eine kleine Anzahl Juden unter der nasridischen Herrschaft, doch diese wuchs wieder an, denn viele gelangten als Flüchtlinge aus christlichen Gebieten nach Granada. Ebenso wuchs der Albaicín an, denn aus dem östlichen Andalusien flohen viele Muslime ebenfalls nach Granada. Während der Nasridenherrschaft und nach dem Ende der Almohaden regierten die Meriniden in Marokko. Deren „heilige Kriege" und Feldzüge in Spanien endeten jedoch spätestens mit der vernichtenden Niederlage am Rio Salado im Jahr 1340.
Im Jahr 1340 besiegte eine christliche Allianz aus Kastilien, Aragon, französischen Truppen und letztmals auch Portugiesen in der Schlacht am Salado ein Heer des marokkanischen Sultans Abu l-Hasan, der eine

letzte Intervention und Gegenoffensive angeführt hatte. Ende des 15. Jahrhunderts wechselten die „Reyes Católicos", Isabella von Kastilien und Ferdinand von Aragón ihre Strategie und trieben die Eroberung der letzten maurischen Territorien voran. 1482 eroberten die Heere Alhama de Granada und 1485 Málaga. Vor den Toren Granadas richtete man in Santa Fé ein großes Heerlager ein und belagerte in aller Ruhe das eingeschlossene Granada.

Um den 2. Januar 1492 kapitulierte der letzte arabische Herrscher in Al-Andalus, Muhammad XII. (Boabdil), vor den Heeren von Ferdinand II. und Isabella I. (Los Reyes Católicos, die „Katholischen Könige"). Im selben Jahr erließen die Könige das Alhambra-Edikt, in dem die Vertreibung der Juden aus allen Territorien der spanischen Krone zum 31. Juli des Jahres angeordnet wurde, sofern sie bis dahin nicht zum Christentum übergetreten waren.

Das historische Gemälde von Francisco Pradilla (1882) zeigt die Übergabe Granadas an die „Reyes Católicos" auf dem Gebiet von Santa Fé im Jahr 1492.

Das Jahr 1492 war zwar ein einschneidendes Datum, jedoch nicht der Stopp der spanischen Expansion, die sich mit den Reisen von Christoph Kolumbus nach Übersee fortsetzte. Mit dem Übersetzen nach Nordafrika und mit der spanischen Besetzung von Melilla (1497) und Oran (1509) erfolgte auch die Eroberung von afrikanischen Landstrichen und die Begründung von Exklaven.

Die zunächst geduldeten Mauren (mudéjares) und Juden nötigte man im 15./16. Jahrhundert zu Zwangstaufen und vertrieb sie bei Weigerung aus ihrem Land. Die zum christlichen Glauben übergetretenen Conversos (Morisken) wurden missachtet und verfolgt, wobei die in den Jahren 1478–1482 eingerichtete Spanische Inquisition eine zentrale Rolle spielte. Die verfolgten und benachteiligten Bevölkerungsgruppen hatten jedoch wichtige Funktionen im Handel inne und pflegten ein immenses Netzwerk von Wirtschaftsbeziehungen im gesamten Mittelmeerraum und darüber hinaus. Der Verlust vieler vernetzter Familien und Einzelpersonen und die durch diese Politik bewirkte Abwanderung trug in der Folge zum wirtschaftlichen Niedergang Spaniens bei.

An die Reconquista erinnern eine Reihe von Festen, Schaukämpfe von Mauren und Christen (Moros y Cristianos in der Alpujarra), bunte Paraden in historischen Kostümen und Feuerwerke.

Hintergrund: Soziale Gruppen zur Zeit der Reconquista

Mit den Erfolgen und Niederlagen im Zuge der Reconquista bildeten sich einige soziale Gruppen heraus:

Mozaraber: Bezeichnung für Christen unter der muslimischen Herrschaft in Andalusien. Einige von ihnen wanderten während Verfolgungszeiten in den Norden ab.
Muladíes: Christen, die nach der Eroberung zum Islam konvertierten.
Renegados: einzelne Christen, die den Islam übernahmen und sich häufig am Kampf gegen ihre ehemaligen Glaubensgenossen beteiligten.

Mudéjares: Muslime, die im von Christen während der Reconquista eroberten Gebiet (i. d. R. als Landarbeiter) blieben. Ihre charakteristische Architektur der Adobeziegelsteine fand häufig in Kirchen Verwendung, die von den neuen Herren in Auftrag gegeben wurden.
Morisken (spanisch: Moriscos): zum Christentum konvertierte Mauren, die nach dem Abschluss der Reconquista 1492 in Spanien blieben.
Marranen (spanisch: Marranos): verächtliche Bezeichnung für Conversos („Übergetretene"), d. h. zum Christentum konvertierte Juden, die in vielen Fällen verdächtigt wurden, trotz Verfolgung durch die Inquisition heimlich an ihren Traditionen festzuhalten.

Die Nasriden von Granada

Im Zuge der schrittweisen Rückeroberung durch die christlichen Heere fokussierte sich das Geschehen zunehmend auf die Region Granada, wo das Königreich der Nasriden das letzte islamisch regierte Reich Westeuropas darstellte. Trotz starker Bedrohung von außen und auch stets mit inneren Zerwürfnissen und Intrigen kämpfend, bildete sich gerade hier noch einmal ein Höhepunkt einer andalusisch-maurischen Kultur. Dabei kam den Nasriden der Zerfall des Almohadenreiches nach dem Jahr 1229 in Kleinfürstentümer zugute. Den Startpunkt setzte Muhammad ibn Yusuf ibn Nasr aus dem Ort Arjona bei Jaén: Er behauptete eine Abstammung direkt von einem Mitstreiter des Religionsgründers Muhammad und rief sich 1232 zum Sultan Muhammad I. aus. Sein Herrschaftsgebiet wuchs sehr schnell von Jaén bis Guadix und Baza, im Jahr 1237 nahm er Granada ein, seine zukünftige Reichshauptstadt. Muhammad agierte politisch geschickt und ging wechselnde Bündnisse ein mit christlichen Herrschern als auch mit den Meriniden in Marokko, was ihm weitere Gebietsgewinne einbrachte. Granada erkannte Fernando III. von Kastilien als obersten Lehnsherren an, zahlte an ihn Tribut und half 1248 bei der Rückeroberung von Sevilla. Auch nach innen wirkte Muhammad, schaltete Konkurrenten frühzeitig aus, sodass seine eigenen Nachkommen ohne Probleme die Thronfolge antreten konnten.

Sein ältester Sohn Muhammad II. (1273–1302) stabilisierte weiterhin die nasridische Herrschaft in Granada. Allerdings wandte er sich einseitig den Meriniden in Marokko zu und kündigte den christlichen Herrschern das Bündnis auf, um die Muslime im Kampf gegen die Christen zu vereinigen. Nach Querelen um die Vorherrschaft in Málaga unternahmen die Nasriden einen neuerlichen Schwenk und verbanden sich 1290 nun mit den Christen gegen die Meriniden. Alfonso XI. und die Nasriden schafften es mit gemeinsamer Anstrengung, die Meriniden aus Südspanien unter Aufgabe ihrer Stützpunkte zu vertreiben, zudem verbuchten die Nasriden Gebietsgewinne in Kastilien.

Muhammad III. (1302–1309) wiederum setzte das Erreichte aufs Spiel, mit einer militärischen Expedition nach Ceuta zur Bekämpfung der Meriniden auf deren Terrain. Allerdings hatten die Meriniden bereits mit Kastilien und Aragón paktiert, und Granada wurde zusehends von mehreren Seiten in die Enge getrieben. Neuer Machthaber war der jüngere Bruder Nasr (1309–1314). Er und sein Nachfolger Ismail I. (1314–1325) versuchten, durch neue Bündnisse mit den Meriniden die missliche Lage zu wenden, was 1319 durch einen Sieg bei Vega eine Atempause brachte. Doch Ismail wurde ermordet, und der noch sehr junge und unerfahrene Muhammad IV. (1325–1333) verlor große Gebiete an die Christen. Dennoch gelangte das Reich von Granada zu einer neuen Blüte unter den Emiren Yusuf I. und Muhammad V., die auch die Bauarbeiten an der Alhambra forcierten. Die ertragreiche Landwirtschaft bildete die Basis für den Wohlstand der Region, insbesondere die Talaue (Vega) von Granada hatte dank der fortschrittlichen Bewässerungsmethoden in der sommerlichen Hitzeperiode eine hohe Produktivität. Gemüse, Obst, Oliven, Wein, Orangen und Datteln gediehen prächtig in der Talaue, die Küstenfischerei und die Handelsbeziehungen mit Nordafrika ergänzten das Spektrum. Den größten Teil der Landwirtschaftsflächen besaßen die Nasriden, der Rest war größtenteils durch Pachtsysteme aufgeteilt. Da die Tributzahlungen an Kastilien sehr hoch ausfielen, war die Belastung der breiten Bevölkerung entsprechend stark. Dennoch blieben soziale Unruhen aus, und der nasridische Adel konnte sein luxuriöses Leben in der Alhambra und in anderen Palästen in Stadt und Land weiter genießen. Yusuf I. (1333–1354) konzentrierte sich auf die Förderung des kulturellen Lebens und die Errichtung neuer Bauten, was möglich war durch Friedensschlüsse mit Kastilien, die zwar durch neue Konflikte unterbrochen wurden, aber auch Luft verschafften. 1348 initiierte Yusuf maßgebliche Erweiterungen der Alhambra, außerdem begründete er die Madraza als bedeutendste Hochschule des Reichs im Zentrum von Granada. Yusuf fiel 1354 dem Mord durch einen Wachsoldaten zum Opfer, darauf übernahm sein Sohn Muhammad V. die Macht, der nach einer Palastrevolte jedoch drei Jahre in die Verbannung nach Marokko musste. Er kehrte aber 1370 zurück und begründete neue Bündnisse mit dem christlichen Spanien und den Mameluken aus Marokko, was eine Zeit des Friedens und florierenden Handels zur Folge hatte. Diese Zeit war auch eine Epoche intensiven kunsthandwerklichen Schaffens; es entstanden viele Dekorationen in der Alhambra wie auch viele den Herrscher rühmende Inschriften. Granada war damals eine Perle der maurischen Kultur und ein Kristallisationspunkt von Wissenschaft und Kunst. Die Madraza entwickelte eine hohe Strahlkraft, hier entstanden medizinische Werke, aber auch geschichtliche Kompendien. Mehr als 60 historische Fachschriften hinterließ allein Ibn al-Khatib, der Sekretär Yusufs war, als Vertrauter mit Muhammad V. ins Exil ging und von 1362 bis 1371 als Wesir der höchstrangige Angestellte war. Man befasste sich mit Chirurgie und den Werken von Hippokrates und Galen, versuchte den Ursachen der Pest auf die Spur zu kommen. Berühmte Persönlichkeiten waren zu Gast in Granada, darunter auch der Weltreisende und Schriftsteller Ibn Battuta. Ebenfalls hoch im Kurs stand die Poesie, am Hofe war die Literatur fest verankert und es entstanden nicht nur Lobpreisungen auf die jeweiligen Herrscher, sondern durchaus auch Satire, und mehrere Sultane betätigten sich selbst als Schriftsteller. Berühmt geworden ist Ibn Zamrak (1333–1393), der an der Madraza wirkte und dessen Verse an vielen Wänden der Alhambra verewigt sind, ebenso wie am Löwenbrunnen.

1394 kam es erneut zu einer kriegerischen Expansion der Christen nach Granada, doch Muhammad VII. (1392–1408) konnte die Christen entscheidend schlagen. Doch bereits 16 Jahre später unter Yusuf III. (1408–1417) übte ein starkes Bündnis der Christen enormen Druck auf das Königreich Granada aus. Die Nasriden zerrieben sich unter dem Dauerdruck und in einer Phase kurzfristiger, instabiler Bündnisse und Zerwürfnisse selbst. Dabei suchte man stets die militärische Unterstützung durch die Christen, was jedoch auch hohe Tributzahlungen kostete.

Ansicht der Alhambra (historische Lithographie von Gustave Doré, 1874).

Ab 1431 rückten die christlichen Heere verstärkt und planvoll auf Granada vor, nachdem der Papst 1421 zum Kreuzzug gegen die letzten Mauren auf dem Boden Europas aufgerufen hatte. Mitte des 15. Jahrhunderts kam es blutigen Konflikten innerhalb der Nasriden um die Vorherrschaft, denen auch das Geschlecht der Abencerragen zum

Opfer fiel. Sogar mehrere gleich starke Konkurrenten der weitläufigen Nasriden rangen um den Thron, erst Mulai Hasan (1464–1485), der Namensgeber für den Berg Mulhacén, ordnete das Reich wieder neu und konsolidierte die Verhältnisse. Er reorganisierte das Militär und schlug 1470 die Revolte seines eigenen Bruders az-Zaghal nieder. Nach außen hin versuchte er, neue Friedensabkommen mit den christlichen Königen zu erzielen, zumal sich im Jahr 1469 durch die Heirat von Fernando von Aragón und Isabella von Kastilien ein neues Szenario herausbildete. Die letzten Jahre der Nasridenherrschaft in Granada waren nochmals durch innere Streitigkeiten geprägt. Zwischen der Sultanin Fatima und der christlichen Ehefrau Turaiya kam es zum Streit über die Thronfolge, und es kam zum Bürgerkrieg zwischen Mulai Hasan und seinem eigenen Sohn Muhammad XII. („Boabdil"), der sich selbst in Abwesenheit des Vaters auf den Thron setzen wollte. Doch Boabdil wurde 1483 in Lucena von christlichen Truppen gefangen genommen, und Mulai Hasan setzte seine Regentschaft fort, starb aber 1485. Ferdinand von Aragón rückte in der Zwischenzeit weiter auf Granada vor und setzte seinen Gefangenen Boabdil taktisch geschickt ein. Gegen das Zugeständnis hohen Tributs ließ Fernando Boabdil frei, und dieser bekämpfte seinen Onkel az-Zaghal, der zwischenzeitlich den Thron übernommen hatte. 1485 fiel Ronda an die Christen, 1487 Málaga und 1489 Guadix, im selben Jahr auch Almería, der Ring um Granada schloß sich. 1491 kapitulierte Granada unter Boabdil, der freien Abzug genoss. Am 2. Januar 1492 übernahmen die „Reyes Católicos" die Stadt und zogen ohne Kampf in die letzte maurische Metropole ein.

Hintergrund: Grundzüge der islamischen Kunst

Die Grundzüge der Kunstauffassung entwickeln sich aus dem jeweiligen Menschenbild in den verschiedenen Kulturkreisen, aus der Position des Menschen in seinem physischen und gesellschaftlichen Umfeld. Die Umgebung übt eine starke Prägung aus auf das Individuum, beeinflusst dessen Sicht von Ästhetik und Kunstempfinden, wobei auch die

Religion eine starke Rolle spielt. Kennzeichnend für die Kunstauffassung im Islam ist das abstrakte Gottesbild und damit der grundsätzliche Verzicht auf Abbildungen. Gott ist keine Person. Daraus ergibt sich, dass weder Gott noch hohe Repräsentanten der Religion in der Malerei vorkommen, wie dies in der christlichen Kunstgeschichte der Fall ist. An diese Stelle tritt die Schrift, in der Steigerung die heilige Schrift, also der Koran. Die kalligraphische Schriftkunst ersetzt das Bild und wirkt in künstlerischer Funktion. Die Moschee ist geprägt von der Gleichheit der Gläubigen vor Gott und besteht daher aus einem einheitlichen Raum, lediglich die Gebetsnische, der Mihrab, gibt mit seiner Ausrichtung auf Mekka eine Orientierung. Oft schmücken Zitate aus dem Koran und Lobpreisungen auf Allah die Gebetsnischen. Nicht-Muslimen erschließen sich diese Schriftzüge nur mit fachkundiger Interpretation, denn die Kenntnis der arabischen Schrift ist hierfür eine Voraussetzung. Die künstlerische Verzierung von Gräbern hingegen ist von sekundärer Bedeutung. Gräber sind oft Kuppelbauten (Mausoleum), denn die Kuppel repräsentiert den Himmel. Medersen (oder auch: Madraza), islamische Universitäten, konnten bezüglich der Innenarchitektur sehr fein ausgestaltet sein. Ein Musterbeispiel hierfür ist die prachtvoll restaurierte Madraza in der Nähe der Kathedrale in Granada. Viele Beispiele angewandter Kunst bzw. Kunsthandwerk kann man heute im Museum der Alhambra im Karlspalast besichtigen. Musik und Poesie spielten eine wichtige Rolle. Letztere ist nur zu einem geringen Teil in deutsche Sprache übertragen. Eine wichtige Rolle als Vermittlerin arabischer Lyrik spielte Annemarie Schimmel, die für ihre Tätigkeit den Friedenspreis des deutschen Buchhandels erhielt. Ganz spannend sind eine Reihe von übergreifenden Musikprojekten zwischen Spanien und Marokko, die auf eine Fusion von Flamenco mit Elementen aus der marokkanischen Rai-Musik wie Percussion und der arabischen Laute, der „Ud" abzielen.

Radierung aus dem Jahr 1887: Der „fließende" Charakter der Stuckdekorationen erfährt seine Widerspiegelung im zentralen Springbrunnen.

Die Baugeschichte der Alhambra

Die Alhambra gilt als eines der herausragenden Bauwerke weltweit, auf alle Fälle ist sie eines der bedeutendsten Beispiele islamischer Kunst. Sie ist der Höhepunkt der islamischen Kultur auf der Iberischen Halbinsel und rangiert noch vor der berühmten Mezquita von Córdoba oder dem Alcázar von Sevilla. Sie war ein Palast, denn von den prächtigen Räumen aus regierten die Sultane das Nasridenreich. Sie war aber zugleich auch eine Stadt, mit eigener Landwirtschaft, mit Werkstätten und Läden. Daher wird der Begriff „Palaststadt" den Verhältnissen vielleicht am ehesten gerecht. Die Geschichte des Bauwerks begann vermutlich bereits im 9. Jahrhundert, als erstmals Zeugnisse von der „al-hamra", der „roten Burg" auftauchten. Aus dieser Zeit ist jedoch nichts mehr erhalten. Die ältesten archäologisch belegten Fundstücke stammen aus dem 11. Jahrhundert, noch aus der Zeit der Ziriden, die eine befestigte Anlage als Vorläufer der mächtigen Alcazaba errichteten. Zu Beginn des 13. Jahrhunderts und fast einhundert Jahre nach dem Beginn der Nasridenherrschaft ab dem Jahr 1238 bildete sich allmählich mit den Mauern und den ersten Türmen der heutige Grundriss heraus, der sich nach und nach verfeinerte. Vermutlich entstand auch der Generalife in dieser Zeit, in der Granada die Hauptstadt des nasridischen Reiches war und die Alhambra der Regierungssitz. Zu Beginn des 14. Jahrhunderts war es Muhammad III. (1302–1309), der städtebauliche Strukturen schuf. Es entstanden die Medina, die Moschee und die heute noch besuchbaren kleineren Bäder sowie die Puerta del Vino. Ismail I. (1314–1325) begann mit dem Bau des zentralen Palastbezirks.
Mit Jusuf I (1333–1354) erreichten die Macht der Nasriden und die Blüte Granadas ihren Höhepunkt, was sich auch baulich in der Alhambra widerspiegelte. In dieser Zeit entstanden der Comares-Palast und das imposante Tor der Gerechtigkeit, die „puerta de la justicia", ebenso das Tor der sieben Stockwerke („puerta de los siete suelos") und der Turm der Gefangenen („torre de la cautiva"). Muhammad V. (1362–1391) prägte eine weitere nasridische Glanzzeit. Auf ihn geht der

berühmte Löwenhof zurück, der „Patio de los Leones", vielleicht „das" Meisterwerk innerhalb der Alhambra und ein Aushängeschild maurischer Bau- und Dekorationskunst. Im 15. Jahrhundert beschäftigte sich das Reich mehr mit dem eigenen Überleben und dem Druck durch die christlichen Heere, sodass wenig Spiel war für Kunsthandwerk und Architektur. Muhammad VII. (1392–1408) ließ den Turm der Infantinnen errichten, Jusuf III. (1408–1417) baute seinen eigenen Palast, der heute als „Partal" bekannt ist.
Große Überformungen erfuhr die Alhambra durch die neuen christlichen Herrscher, die sich trotz des Abrisses mancher Bereiche auch um die Erhaltung vieler Bauten kümmerten. Es gab Veränderungen in der Mauer durch runde Bastionen und viele Anbauten an die maurischen Paläste. Klotzig und triumphierend zeugt heute der Karlspalast im Zentrum der Alhambra vom Sieg der Christen über die Mauren. 1576 riss man die Moschee ab und errichtete an deren Stelle die 1617 fertiggestellte Kirche Santa María. Der Parador im ehemaligen Franziskanerkonvent und der Karlsbrunnen mit den drei symbolisierten Flüssen Granadas sind weitere Beispiele für die christliche Architektur auf der Alhambra. Die Verwalter der Alhambra waren zunächst die Grafen von Tendilla, später folgten die Markgrafen von Mondéjar. Diese wurden im 18. Jahrhundert ihres Postens enthoben, denn sie hatten während des Erbfolgekriegs (1701–1714) den Falschen unterstützt, nämlich Erzherzog Karl. Eine Zeitlang wurde die Alhambra vernachlässigt, erst ab 1792 stellte Karl III. wieder Gelder für den Erhalt der Palaststadt zur Verfügung. Die Franzosen mit ihrem Invasionsheer lagerte in der Alhambra und hinterließen einige bewusst gesprengte Bereiche nach Abzug im Jahr 1812, wie den Torres del Agua, de las Infantes und de los Siete Suelos. 1830 sorgte ein Fonds von 50.000 Reales aus der Kasse von Ferdinand VII. für einen Aufschwung, 1868 wurde die Alhambra als Gut königlichen Besitzes beschlagnahmt, zwei Jahre später erhielt sie den Status eines Nationaldenkmals und endlich gab es eine geregelte Finanzierung. Im 19. Jahrhundert war das kulturelle Leben in weiten Teilen Europas durch die „Romantiker" geprägt, die gerne bevorzugt in den Mittelmeerraum reisten. Zugleich

kam es zu einem allgemeinen Interesse an Archäologie und zur Gründung der großen Museen wie dem British Museum oder dem Pergamonmuseum in Berlin. In diesem Gesamtzusammenhang stehen die Reisen von Schriftstellern wie Washington Irving und Gerald Ford, die durch ihre Bücher und Reiseerinnerungen zur weiteren Bekanntheit und Popularität der Alhambra beitrugen. Ein großer Faktor kam ab der Erfindung der Eisenbahn und der Konstruktion von Bahnstrecken dem Tourismus zu – die ersten kommerziellen Reiseführer mit Stadtplänen und genauen Informationen gelangten in die Buchhandlungen, sodass der Grundstein gelegt wurde zu einer rasanten Entwicklung der Besucherzahlen.

Baugeschichte der Alhambra im Überblick

1237–1273: Muhammad I., Gründer der nasridischen Dynastie, wählt den Sabika-Hügel als Ort seines Hofes und beginnt 1238 mit dem Bau der Alhambra. Ältester Teil sind die Festungsanlagen, die Alcazaba.

1314–1325: Ismail I. baut und gestaltet den Mexuar-Palast.

1333–1354: Jusuf I. errichtet den Comares-Palast.

1354–1359 und 1362–1391: Unter der Herrschaft von Muhammad V. entsteht der Löwenhof als architektonischer Glanzpunkt der Alhambra.

1487–1492: Muhammad XII. („Boabdil") übergibt Granada und die Alhambra an die christlichen Könige.

1492–1516: Isabella von Kastilien und Ferdinand von Aragón beginnen mit umfangreichen Restaurierungen und Änderungen, die Alhambra wird Hauptquartier des Königreichs Granada und Sitz des „Gran Capitán" als Oberbefehlshaber.

1526–1558: Karl V. besucht die Alhambra und plant den Bau des großen Karlspalastes inmitten der bestehenden Anlage.

Gemälde von Juan de Sabis: Die Alhambra vom Fluss Darro aus.

18. Jahrhundert: Erstmals werden wissenschaftliche Studien zur Alhambra und deren Vermessung unternommen.

1829: Washington Irving besucht die Alhambra und schreibt im Rahmen seines Aufenthalts die „Geschichten von der Alhambra".

1870: Erklärung der Alhambra zum Nationalmonument.

1923–1936: Leopoldo Torres Balbás beginnt mit der Restaurierung der Alhambra, insbesondere von Löwenhof, Mexuar und Partal.

1984: Die Alhambra wird zum UNESCO-Weltkulturerbe deklariert.

Wege zur Alhambra

Eine Besichtigung der Alhambra schließt idealerweise den Gang von der hektischen Innenstadt Granadas hinauf zum Sabika-Hügel mit ein – es ist mehr als lediglich ein Spaziergang. Man lässt die moderne Welt hinter sich und tritt mehrere Jahrhunderte zurück in einen stilleren, ruhigeren Bereich.
Es gibt zwar auch Möglichkeiten, den Eingangsbereich der Alhambra mit dem eigenen Fahrzeug oder mit dem Stadtbus zu erreichen, doch der Fußweg hinauf auf den Sabika-Hügel ist ungleich reizvoller. Schritt für Schritt erarbeitet man sich so das berühmte Monument und kann sich bereits auf dem Weg langsam einstimmen für eine Besichtigung. Wir haben Zeit und sehen uns die drei wichtigen Varianten für Fußgänger an. Voraussetzung ist jeweils, dass man eine gewisse Grundkondition und – wegen des Bodenbelags – stabiles Schuhwerk mitbringt. Dass man im Sommer nicht gerade während der Mittagshitze den Aufstieg unternimmt, versteht sich von selbst.

Durch das Realejo – der unbekannte Weg

Granadabesucher mit wenig Zeit lassen das Realejo meist außen vor, denn im Vergleich mit dem Viertel rund um die Kathedrale oder mit dem Albaicín gibt es nicht die großen spektakulären Bauwerke zu entdecken. Doch gerade das Realejo birgt einige interessante Kleinode. In der Casa de los Tiros und im Palacio de los Condes de Gabia finden Wechselausstellungen statt. Und einen neugierigen Blick wert ist auch das Fremdsprachenzentrum der Universität, das etwas versteckt in einer Seitengasse liegt. In das Realejo startet man auf kurzem Weg vom Kolumbusdenkmal aus, das sich am Ende der Gran Vía befindet. Die Calle Pavaneras entlang eines unterhaltsamen Gemischs aus Kleingewerbe und Gastronomie gelangt man zu einem kleinen Platz, der Hauptverkehr zieht nach links. Flankiert von ein paar Tapaskneipen erstreckt sich die Cuesta del Realejo vom Viertel bis hinauf auf den Hügel. Ein Geländer erleichtert den Aufstieg, der von unterwegs schöne Ausblicke bietet. Ganz interessant sind hierbei die Übergänge von der städtischen Bebauung Granadas hinein in die Vega, die landwirtschaftlichen Flächen vor der Stadt. Leider werden diese immer kleiner, denn die Gemeinden im Speckgürtel weisen allen Schutz-Richtlinien zum Trotz immer neue Baugebiete aus. Von der Hangkante aus würde es nach links zur Fundación Rodríguez-Acosta gehen, parallel dazu oberhalb des Waldstücks und auf leicht abfallendem Weg würde man in Richtung der Torres Bermejas gelangen, der Zinnobertürme. Rechts unseres Aufstiegs-Endes befindet sich das Auditorio Manuel de Falla, welches einen erstklassigen Konzertsaal aufweist und dazu immer wieder die passenden Veranstaltungen. Die Gärten des Konzerthauses sind zu besichtigen, mit etwas Glück ist auch die Aussichtsterrasse geöffnet.

Geht man von hier weiter, erreicht man das Carmen de los Mártires, ein Schlösschen mit besonders gepflegten, romantisch anmutenden Gartenanlagen. Nun, von der Hangkante des Aufstiegs kommend, wird man sich geradeaus durch die Alameda leicht bergab orientieren und dann nach rechts oben, wo man auf den großzügigen Eingangsbereich der Alhambra trifft, mit Kassenhaus und Kiosk.

Das Carmen de los Mártires ist eine romantische Gartenanlage mit einem Schlösschen, Putten und im Sommer schattigen Spazierwegen.

Am Darro entlang und durch die Cuesta de los Chinos

Sehr schön kann es auch sein, den Aufstieg zur Alhambra mit einem Spaziergang den Darro entlang zu verknüpfen. Von der Plaza Nueva aus gelangt man an der Chancillería Real vorbei zum Darro, einem der drei Flüsse Granadas. Der Darro ist einfach ein zwei Meter breiter Bach, der in der Senke zwischen Sabikahügel und Albaicín fließt. Wer den Darro weiter als bei dieser Stadtwanderung erkunden will, kann dies auf einer

Halbtageswanderung unternehmen: Man folgt dem Camino del Sacromonte bis zum Ende, überquert den Darro und folgt dem Flusslauf bis zu den Ruinen von Jesús del Valle, einem alten Gutshof. Wir lassen uns hingegen ein auf einen Spaziergang entlang der historischen Gebäude der Carrera del Darro, vorbei an der Kirche Santa Ana, vorbei an der prächtigen Fassade des Archäologischen Museums von Granada und vorbei an dem kleinen maurischen Bad, dem „bañuelo".

Die Carrera del Darro folgt dem Flussverlauf und birgt eine Fülle historisch interessanter Gebäude wie das restaurierte „Bañuelo" und das archäologische Museum. Im Bild die Casa de las Chirimias, das „Schalmeienhaus", unterhalb der Alhambra.

Die Iglesia de San Pedro aus dem Jahr 1567 wurde auf einer Moschee errichtet.

Zunächst ist es sehr eng, und wir werden immer wieder von den kleinen Stadtbussen überholt. Auch bei seitlichen Abstechern locken zahlreiche restaurierte Stadtpaläste. Der Weg öffnet sich schließlich zum „Paseo de los Tristes", einer stadtparkähnlichen Zone mit Terrassenrestaurants. Auf der Alhambraseite fällt eine alte Villa ins Auge: Es ist die „Casa de las Chirimiyas", das „Schalmeienhaus", in dem vor über 100 Jahren Konzerte und Empfänge stattgefunden hatten. Noch vor der links abzweigenden Cuesta del Chapiz überqueren wir den Darro auf einer Brücke, gegenüber liegt eine städtische Kunstschule für Jugendliche. Am Parkplatz setzt nun die „Cuesta de los Chinos" an, was nicht auf etwaige Bezüge zu China anspielt: „Chino" bedeutet vielmehr „Kieselstein". Der Name rührt vom vielen Geröll, das sich durch Erosionsvorgänge auf der Steige angesammelt hatte und den Weg früher sehr unangenehm machte. Doch im Zuge der Restaurierungen befestigte man die Oberfläche, sodass man bei munterem Geplätscher kleiner seitlicher Bäche nach sportlichem Aufstieg zwischen Alhambra und Generalife ankommt und nach kurzem Linksschwenk vor dem Kassenbereich steht.

Cuesta de Gomérez: Die „Puerta de las Granadas" markiert den Übergang von der Stadt zum Bereich des Parks der Alameda und der Alhambra.

Der klassische Aufstieg – Die Cuesta de Gomérez

Der am häufigsten begangene Weg hinauf zur Alhambra ist sicherlich der über die Cuesta de Gomérez von der Plaza Nueva aus. Es geht zwar auch ordentlich bergan, jedoch auf ebenem Belag und ohne jegliches

Geholpere. In der Cuesta de Gomérez schaut man den Gitarrenbauern in die Auslagen, zudem kommt man an einigen Touristenläden vorbei, die typische Andenken von Granada und der Alhambra im Sortiment führen: Postkarten, Schachbretter, und preiswerte Flamencokleider in poppigen Farben.

Die Puerta Bib-Ar-Rambla mitten in der Alameda.

Den Abschluss dieser Touristenmeile und den Eintritt in das Reich der Alhambra stellt die Puerta de las Granadas dar, was übersetzt „Tor der Granatäpfel" bedeutet. An dieser Stelle stand in arabischer Zeit ursprünglich ein anderes Tor, welches die Mauern der Alcazaba mit der der Torres Bermejas verband. Die Puerta de las Granadas wurde 1536 von Pedro Machuca auf Anweisung Kaiser Karls V. im Renaissancestil errichtet. Neben dem kaiserlichen Wappen und den allegorischen Figuren der Pax (Frieden) und der Abundantia (Wohlstand) fallen die drei geöffneten Granatäpfel auf dem Giebel als Symbolfrucht der Stadt auf, nach denen das Tor seinen Namen trägt. Rechter Hand gelangt man über einen steilen Aufgang zu den Torres Bermejas, den Zinnobertürmen, die einen imposanten Teil der Stadtbefestigung darstellten. Leider sind diese nicht öffentlich begehbar, doch erhält man von dort aus einen guten Blick auf den Torre de la Vela in der Alcazaba, der sich in etwa höhengleich befindet. Wer nun schon die Tickets für die Besichtigung in der Tasche hat, wird sich jetzt links halten – es geht steil bergan durch den im Sommer wunderbar kühlen Wald der Alameda. Zunächst passiert man das Denkmal für Washington Irving, der mit seinen 1829 erschienenen „Erzählungen von der Alhambra" dazu beitrug, das geschichtliche Erbe zu retten und reisende Romantiker inspirierte. Irving war neben James Fenimore Cooper der meistgelesene amerikanische Schriftsteller und Kinofreunden als Urheber der Gruselstory „Sleepy Hollow" bekannt, zudem stammt von ihm der Begriff „Gotham" für New York.

Hintergrund: Washington Irving

Washington Irving (* 3. April 1783 in New York; † 28. November 1859 in Sunnyside, Tarrytown) war der erste amerikanische Schriftsteller, der auch in Europa Erfolge feiern konnte. Mit seinem Skizzenbuch (1819–20) wandte er sich Einflüssen der europäischen Romantik zu. Mit den Erzählungen „Rip Van Winkle" und „The Legend of Sleepy Hollow" begründete Irving die Gattung der Kurzgeschichte. Später verfasste Irving vor allem Biografien, unter anderem über Christoph Kolumbus und George Washington, den er als Kind kennengelernt hatte. Irving war ein schlechter Schüler und begann sich für die Juristerei zu interessieren, ab 1799 half er in den Kanzleien von Rechtsanwälten und Richtern in New York.

Als Jurist scheiterte er, und es hieß, er habe bereits seinen ersten eigenen Klienten im Stich gelassen. Jedoch war Irving reise- und schreiblustig. Er unternahm eine größere Europareise und schrieb als Zeitungsjournalist überwiegend Satirisches. Mit einer bissigen Stadgeschichte New Yorks wurde Irving der herausragende Schriftsteller zumindest von New York, erregte Beachtung und konnte von den Tantiemen gut leben. 1815 ging Irving nach Europa und veröffentlichte von dort aus seine erfolgreichen Kurzgeschichten. In seinen Erzählungen schwingt ein romantischer Ton mit, in der Tradition von Rousseau. Er setzte sich für die Indianer ebenso ein wie für das „alte" Europa. 1828 erschien seine teils fiktive Kolumbus-Biografie, 1829 „A Chronicle of the Conquest of Granada" und nach seinem Besuch auf der Alhambra 1829 die Kurzgeschichtensammlung „Tales of the Alhambra". In diesen Werken verurteilte er die Barbarei der christlichen Reconquista gegenüber der Hochkultur der Mauren. 1832 kehrte Irving nach New York zurück, zu seinen Ehren veranstaltete man ein Bankett. Neben James Fenimore Cooper, dem Autor des „letzten Mohikaner" war Irving zu seiner Zeit der meistgelesene amerikanische Schriftsteller. 1842 wurde er zum Botschafter der Vereinigten Staaten in Spanien ernannt. Sein Verdienst in der Literatur liegt in der Begründung der „short story", der „Sleepy Hollow" genoss als Kinoversion mit Johnny Depp großen Erfolg. Auch der Begriff „Gotham" für New York stammt von ihm, was sich in den Batman-Comics und Filmen niederschlug.

Skulptur von Washington Irving.

Wenig später erreichen wir auf einer Terrasse die große Quelle Karls V. Mit der Darstellung der drei Flüsse Granadas: Der Beiro, der Darro und der Genil sind in Form von Wasserspeiern dargestellt. Die Planung des Karlsbrunnens stammt ebenfalls von Pedro Machuca, erbaut wurde der Brunnen 1545 von Nicolao Corte. Außer den drei markanten Flussgesichtern sieht man noch Kinder, die Wasser schöpfen sowie mythische Szenen. Darüber befindet sich das Wappen des Grafen von Tendilla, der auch den Auftrag zum Bau erteilt hatte. Eine erste Restaurierung unternahm Alonso de Mena im Jahr 1624 anlässlich des Besuchs Philipps IV. in Granada.

Brunnen Karls V. mit den „drei Flüssen" Granadas.

Die imposante Puerta de la Justicia ist ein mächtiger Zugang zur Alhambra. Ihre Struktur ist verschachtelt zur Verstärkung der Wehrhaftigkeit. Angeblich wurde hier in der Zeit arabischer Herrschaft Recht gesprochen.

Wir biegen nach links und erhalten einen imposanten Blick auf das größte und mächtigste der vier Eingangstore zur Alhambra. Es ist das Tor der Gerechtigkeit, die Puerta de la Justicia, deren Eindruck durch die ansteigende freie Fläche noch verstärkt wird. Das Tor stammt aus dem Jahr 1348, aus der Herrschaftsepoche Jusufs I., unter den Nasriden trug es den Beinamen al-Sharía. Der Eingang besteht aus einem doppelten Hufeisenbogen. Das äußere Hufeisen birgt im Scheitelpunkt eine Hand. Es ist die Hand Fatimas, welche die fünf Gebote des Islam verdeutlicht: Rituelle Waschungen, fünf tägliche Gebete, Almosen, Fasten und die Pilgerfahrt nach Mekka. Im Zentrum des inneren Bogens ist ein Schlüssel mit einer Schnur zu sehen, das Wappen der nasridischen Könige. Die Säulen im Gerechtigkeitstor tragen das muslimische Glaubensbekenntnis in sich: „Lob sei Gott. Es gibt keinen Gott außer Gott, und Mohammed ist sein Gesandter. Es gibt keine andere Macht als die Gottes." In einer Nische über dem zweiten Bogen sieht man eine Figur der Jungfrau Maria mit dem Jesuskind, im Stil der deutschen Gotik des 15. Jahrhunderts. Was weiter auffällt an der Puerta de la Justicia ist der wehrhafte Charakter des Turms: Die verwinkelte Konstruktion im Inneren erschwert Angreifern das Vordringen, zudem befanden sich Wachposten innerhalb des Turmes.

Hat man die Puerta de la Justicia passiert, stößt man als Nächstes auf die deutlich kleinere Puerta del Vino, das Weintor. Durch dieses gelangt man zur Plaza de los Aljibes, dem Zisternenplatz. Hier, unter der freien Fläche zwischen dem Festungsbereich, den maurischen Palästen und dem Karlspalast ließ der Graf von Tendilla ab 1494 zur Wasserversorgung der Alhambra Zisternen errichten. Der Ursprung des Weintors und dessen Bedeutung im architektonischen Zusammenhang ist nicht geklärt, eventuell gehörte die Puerta del Vino zu einer Mauer, die den Palastbereich von der eigentlichen Stadt im Süden abgrenzte. Das Tor stammt aus der zweiten Hälfte des 14. Jahrhunderts aus der Herrschaftszeit von Mohammed V. Ab 1556 wurde hier an die Bewohner der Alhambra steuerfreier Wein ausgegeben. Hierzu gibt es eine originelle Sprach-Hypothese: Das ursprünglich als „Bab al-Hamra" (rötliches Tor) bezeichnete Bauwerk wurde umgetauft zu „Bab al-Dschamra" (Tor des Weins). Durch die Puerta del Vino gelangt man zur Calle Real Alta, der Oberen Königsstraße, die die Hauptachse der Medina darstellte. An dem Tor springen besonders die Hufeisenbögen und die Doppelfenster des oberen Stockwerks ins Auge. Das Tor auf der Seite des Zisternenplatzes ist weniger schmuckvoll und auch älter.

Die Puerta del Vino – Ursprung und Bedeutung sind ungeklärt.

Sehr schön wirkt die Puerta del Vino in der untergehenden Nachmittagssonne von den Aussichtsplätzen der Plaza de los Aljibes aus, dann leuchtet das Weintor in einem sehr schönen, warmen Farbton.

Dieser Teil der Alhambra ist tagsüber jederzeit auch ohne Eintrittskarte zugänglich. Hier, bei einer kalten cerveza von dem kleinen Kiosk, kann man wunderbar die Seele baumeln lassen und eine tolle Aussicht auf den Albaicín gegenüber genießen. Das arabisch geprägte Stadtviertel Granadas wirkt im Gegensatz zu einem Rundgang im Viertel nicht wie ein Labyrinth aus vielen verwinkelten Gässchen und Gebäuden, vielmehr dominiert ein luftig-lockerer Eindruck. Denn aus der Perspektive von der Alhambra aus gewinnen die Höfe und grünen Gärten des Albaicín an Raum, also das meist unzugängliche Innenleben der oftmals prächtigen „Cármenes", der Stadtpaläste, von denen glücklicherweise immer mehr durch Zuschüsse restauriert werden und der Öffentlichkeit zugänglich sind. Es ist ein reizvolles Spiel, Gebäude wiederzuentdecken, an deren Fassade man vielleicht am Vortag gestanden war. Klöster, Kirchen, Paläste und überraschend viele Gärten wechseln sich munter ab mit den populären Aussichtsterrassen wie der gegenüberliegenden Plaza de San Nicolas, der beliebtesten Aussicht von Granada. Deutlich wird auch die stadtgeographische Gliederung Granadas: Der Darro trennt den Alhambra-Hügel vom Albaicín, der sich in den Höhlenwohnungen des Sacromonte und dem riesigen Komplex der Abadía del Sacromonte fortsetzt. An der Plaza Nueva und längs der Achse der Gran Via findet die nahezu durchgehend arabische Architektur mit ihrem strahlenden Weiß ihre Abgrenzung und wir erkennen das mächtige Dach der großen Kathedrale von Granada sowie weitere große Kirchen in der christlich geprägten Altstadt mit ihrem Mix aus neueren Häusern und Sakralbauten sowie Stadtpalästen. In der Ferne erkennt man den südlichen Stadtrand Granadas, der an der Vega, der Talaue endet.

Architektur und Struktur der Alhambra

Die Alhambra entwickelte sich nach den städtebaulichen Prinzipien des mittelalterlichen Islams, und zwar als eigenständige Palaststadt aus drei Teilen. Diese Palaststadt war unabhängig von der eigentlichen Stadt Granada mit ihren eigenen öffentlichen Einrichtungen wie Altstadt, Moschee und Universität. Die Alhambra verfügte über eine mächtige Mauer mit einer Länge von 1700 Metern und 30 großen und kleineren Türmen mit unterschiedlichen Funktionen. Der Zugang zur Alhambra erfolgte hauptsächlich über das Waffentor, die „puerta de las armas", die dem Albaicín am nächsten liegt. Vier große Tore regelten insgesamt den Zugang zur Alhambra. Außer dem Waffentor waren dies noch das Vorstadttor („puerta de arrabal") in Richtung des Generalife sowie das Tor der sieben Stockwerke und das Gerechtigkeitstor, das aus dem Jahr 1348 datiert. Die Fläche der Alhambra beträgt über 100.000 Quadratmeter, die man in drei Teile unterscheiden kann, nämlich in den Festungsbereich, die Paläste und die Medina als Bereich mit Alltagsfunktionen mit Handwerksbetrieben und Läden. Alle drei Teile der Alhambra konnten voneinander getrennt werden, wenn die Sicherheit der Herrscherfamilie dies nötig machte. Dann wurden strategisch wichtige Tore wie die puerta del vino geschlossen und die Wachsoldaten rückten aus zur Kontrolle der Straßen innerhalb des Bezirks.

Die Alcazaba

Bereits vom Stadtgebiet aus erhascht man immer wieder Blicke auf den Festungsbereich („al-Kasbah" bedeutet Festung), der wie ein Sporn oder wie ein riesiges Schiff in Richtung der Stadt ragt – bedrohlich und dominant, aber auch mächtig und erhaben. Der Torre de la Vela als mächtigster Turm der Alhambra lässt ein wenig von der Dominanz erahnen, die die maurischen Königreiche lange Zeit ausgeübt hatten. Es ist ein uralter Festungsbereich, auf dem vor den Mauren bereits die Römer eine Wehranlage errichtet hatten. Die ersten Zitadellen maurischer Herrscher, wie die Alcazaba Vieja, waren auf dem Albaicín erreichtet worden, doch galt dieser Bereich als unübersichtlich und schwer zu kontrollieren. Al-Ahmar war es, der als Herrscher ab dem Jahr 1238 auf einen Festungsneubau auf dem Sabika-Hügel setzte. In erhöhter Position über dem Darrotal und dennoch in fast unmittelbarer Nähe zur Stadt konnte man diese und ihre Bewohner hervorragend kontrollieren und genoss von den Wachtürmen aus einen exzellenten Weitblick über die gesamte Vega als potenzielles Aufmarschgebiet etwaiger Feinde.

Die wuchtige Alcazaba ist der älteste Teil der Alhambra.

Die Alcazaba war ein rein militärischer Bereich in Form eines Dreiecks. Ein großer Teil im Inneren wurde belegt durch das Soldatenviertel, das Barrio Castrense. Hier lebten die Befehlshaber und Wachen und von hier aus brachen sie zu ihren Rundgängen auf und zum Wachdienst auf den Mauern und an den Toren. Eine doppelte Mauer mit verschiedenen Türmen umschließt diesen Bereich. Zwischen den beiden Mauern erstreckt sich ein Graben, die Türme sind durch einen Rundweg miteinander verbunden. Praktisch im Schutz der ursprünglichen Alcazaba entwickelten die Baumeister nach und nach die Alhambra als grandioses Gesamtkunstwerk. Auch die Alcazaba an sich wurde von den jeweiligen Festungsbaumeistern stetig weiterentwickelt, die Türme stammen aus verschiedensten Bauphasen. In christlicher Zeit errichtete man zudem einen dem Torre de la Vela vorgelagerten Schutzwall als Artillerie und pflanzte die Adarve-Gärten an, von denen man einen Blick Richtung Sierra Nevada genießen kann.

In der Bildmitte die Paläste mit dem Comaresturm, dahinter das Quadrat des Karlspalastes und im Hintergrund die Sierra Nevada.

Beim Rundgang durch den Festungsbereich gelangt man als Besucher zunächst in das Barrio Castrense, den ehemaligen Wohnbereich der Militärs. Die Mauerreste sind Relikte von zehn Wohnhäusern und Lagerräumen, es gab hier Werkstätten wie die eines Waffenschmieds, aber auch Baderäume mit einer zugehörigen Zisterne (zwischen Torre de la Vela und Nordmauer), Öfen, Kerker (bei dem Torre Quebrada) und auch eine Bäckerei und eine Gemeinschaftsküche. In auf die bescheidenen Verhältnisse von Soldaten zugeschnittenen Dimensionen erkennt man typisch muslimische Architektur mit der Gliederung von Eingang, Innenhof und darum gruppierten Zimmern. Am nächsten zu den Palästen erhebt sich über sechs Stockwerke der Torre del Homenaje, der Turm der Huldigung. Er ist mit 26 Metern der zweithöchste Turm der Alhambra, und von hier aus konnte man das umliegende Gebiet sehr gut kontrollieren. Die Provinz Granada war von einem System von Türmen umgeben, die beispielsweise von der Küste aus mit Signalen von Turm zu Turm vor Piratenangriffen warnten, ähnlich wie im „Herrn der Ringe" in den Szenen mit den Leuchtfeuern. Hier, in diesem hintersten Festungsbereich lebte vom 16. bis zum 19. Jahrhundert der Burgvogt und Oberkommandant der Festung, vermutlich auch wegen der Tatsache, dass der Huldigungsturm eine zurückgezogene strategische Position hatte und daher notfalls bis zum Schluss verteidigt werden konnte. Vermutungen deuten darauf, dass al Ahmar als erster Sultan der Nasriden in dem Turm gewohnt haben könnte. Angrenzend, jedoch bereits aus christlicher Epoche, stammt der Torre del Cubo, der Würfelturm, errichtet im 16. Jahrhundert auf der Basis eines anderen, noch aus dem 9. Jahrhundert bestehenden Turms. Eines der ältesten Bauelemente der ganzen Alhambra und eines von insgesamt vier großen äußeren Zugangstoren ist das Waffentor, die Puerta de las Armas. Es ist der zur Stadt Granada beziehungsweise zum Albaicín am nächsten gelegene Zugang und auf diesem Weg gelangten Bewohner der Stadt in die Paläste, um ihre Behördengänge zu absolvieren. Der Name des Tores weist darauf hin, dass beim Betreten die Waffen abgegeben werden mussten, außerdem mussten die Besucher zunächst eine gewisse Distanz im Festungsbereich im Rundgang zwischen den Mauern zurücklegen. Dies wurde von den Wachsoldaten kontrolliert. Wie auch die Puerta de la Justicia ist die Puerta de las Armas verwinkelt angelegt zwecks einer effektiveren Verteidigung. Von dem Tor aus wurden die Besucher in zwei Richtungen geleitet: Entweder zur Alcazaba oder aber zum Palastbereich beziehungsweise zur Medina. Das Waffentor hatte über die militärische Bedeutung hinaus auch repräsentative Zwecke und weist daher gewisse Verzierungen auf, die man an der äußeren Fassade des oberen Torbogens und an der Gewölbeinnenseite in Form von Gordons, sternförmigen Verzierungen, findet.

Der Albaicín von der Alhambra aus. Auffallend sind die vielen Bäume zwischen den weißen Fassaden. Das architektonische Grundmuster des Viertels ist der „Patio", der Innenhof mit Garten.

Der mächtigste und am stärksten auffallende und somit repräsentative Turm der Alcazaba ist der große Wachturm, der Torre de la Vela. Auf ihm stehen Fahnenmasten und ein großer Glockenturm. Von ihm aus genießt man als Besucher einen großen Überblick über die Stadt und die Ebene von Granada. Der vierstöckige Turm, der zur Zeit der Nasriden zinnenbewehrt war, hat einen Wohnbereich, außerdem einen Keller mit Kerkerräumen. Die Kerker in der Alcazaba weisen eine Glockenform auf. Tagsüber mussten die Gefangenen an der Oberfläche Zwangsarbeit verrichten, abends wurden sie an Seilen wieder in ihre Verliese hinuntergelassen. Manche der unterirdischen Räume wurden aber auch als Getreidesilos verwendet. Der Torre de la Vela war das Zentrum eines großen Systems kleinerer Türme in der ganzen Provinz Granada. Reste dieser Anlagen gibt es noch an der Küste, wo über Leuchtfeuer vor Piraten gewarnt wurde. Die Türme standen untereinander in Kontakt, sodass auch die Herrscher in der Alhambra rechtzeitig vor Angreifern gewarnt wurden. Die Glocke stammt aus christlicher Zeit: Ihr Läuten bestimmte den Rhythmus der Bewässerung der Felder in der Vega Granadas, der landwirtschaftlich geprägten Zone vor den Toren der Stadt. An bestimmten Gedenktagen wird auch heute noch die Glocke geläutet, so am 2. Januar, dem Gedenktag anlässlich der Übergabe Granadas an die christlichen Könige. Unterhalb des Torre de la Vela sieht man im Wäldchen den Wall des Revellín, des Schutzwalls der Alhambra, der wie ein großer Schiffsbug wirkt. Die Besichtigung des Festungsbereichs schließt man mit einem kurzen Spaziergang durch die Adarve-Gärten ab, dem Jardín de los Adarves. Dieser Bereich unterlag stetigen Umbauten, insbesondere unter christlicher Zeit, zwecks der Verbesserung der Verteidigungsfähigkeit. Mauern wurden erneuert, letztlich im 17. Jahrhundert nach den Moriskenaufständen die Gärten angelegt. Von hier aus ergeben sich wieder neue Blicke in Richtung der Torres Bermejas, der Sierra Nevada und auf die Alameda der Alhambra.

Detail aus dem Karlsbrunnen.

Der Palast Karls V.

Kaiser Karl V. gelangte auf seiner Hochzeitsreise mit Kaiserin Isabella von Portugal im Jahr 1526 nach Granada und wohnte in dieser Zeit auf der Alhambra. Begeistert von der Stadt und von den Palästen, beschloss er, einen eigenen Prachtbau mitten in der Alhambra zu errichten. Dieses Gebäude sollte ein Symbol darstellen für die Überlegenheit des Christentums gegenüber dem Islam. Der Marquéz de Mondéjar als Gouverneur der Alhambra stand an oberster Stelle der Hierarchie für die Bauausführung, die im Jahr 1527 unter Pedro Machuca aus Toledo begann, einem Schüler Michelangelos. Als Machuca 1550 starb, setzte dessen Sohn Luis seine Arbeit bis zum Moriskenaufstand 1568 fort und wurde seinerseits in der Herrschaftsepoche Philipps II. von Juan de Orea abgelöst, der in Juan de Herrera, dem Architekten des monumentalen Klosters Escorial einen erfahrenen Berater an seiner Seite hatte. Doch das Bauvorhaben war alles andere als einfach, denn durch die Vertreibung der Morisken aus Granada nach einer Revolte verschwand auch eine der Hauptgruppen, die durch ihre Steuern den Bau finanziert hatte. Insgesamt interessierte sich das spanische Königshaus nicht sonderlich für den Bau des Palastes, sodass dieser erst rund 400 Jahre später im Jahr 1929 fertiggestellt werden konnte.

Die Formen des Karlspalastes sind in einem für die Renaissance typischen, jedoch für Spanien völlig untypischen klassisch griechisch-römischen Stil gehalten. Die Fassade, aber auch die schiere Dimension des riesigen Bauwerks strahlen Macht und Perfektion aus und die Größe dominiert das Zentrum des Areals der Alhambra. Die edlen, filigranen nasridischen Räume werden von diesem architektonischen Koloss beinahe erdrückt. Symbole von Macht sind an der Fassade ebenfalls die Pferde- und Löwenköpfe, die Bronzeringe zum Ankoppeln von Pferden tragen. Ihre Vorbilder sind im Florenz des 15. Jahrhunderts zu suchen.

Ring zum Ankoppeln von Pferden an der Fassade des Karlspalastes.

Steht man vor dem Hauptportal, so fallen insbesondere die vier marmornen Basreliefs an den Sockeln der Säulen der Hauptfassade auf. Sie zeigen verschiedene Szenen: Die Schlacht von Pavia und Allegorien von Triumph und Frieden. Zwei weitere Szenen entstammen der griechischen Mythologie: Herakles tötet den Löwen von Nemea und Herakles fängt den Kretischen Stier. Eine herausragende Besonderheit ist der Kontrast aus Grundriss und Innenleben des Palastes: Ein Quadrat mit 63 Metern Seitenlänge gibt die äußere Form des Ganzen vor, doch darin verbirgt sich ein kreisförmiger Innenhof (Bauphase von 1557 bis 1568). Weiter erstaunt die Einfachheit der Gestaltung. Im Erdgeschoss stützen 32 dorische Säulen die Balustrade, während im Obergeschoss ionische Säulen stehen. Der Karlspalast beherbergt zwei interessante Museen, die einen Besuch der Alhambra abrunden können: Das Museum der Alhambra zeigt Fundstücke, die Details aus dem Alltag der Bewohner vermitteln. Das Museum der Schönen Künste birgt eine Sammlung von Gemälden und Skulpturen aus der bedeutenden Schule des Barocks in Granada aus der Zeit des 17. und 18. Jahrhunderts.

Der nasridische Palastbereich

Ein unscheinbarer, kleiner Eingangsbereich öffnet den Besuchern den Zugang zu den wohl großartigsten maurischen Hinterlassenschaften in Europa, den Wohnbereichen der nasridischen Herrscher. Würden nicht Besucherströme, Beschilderungen und Pläne den Eingangsbereich verdeutlichen, so würde man diesen vielleicht nicht einmal finden, dort an der Nordseite des mächtigen Karlspalastes, der die wesentlich kleineren nasridischen Räumlichkeiten beinah zu erdrücken scheint. Wie im Allgemeinen in der gesamten muslimisch-arabischen Architektur, legten die Erbauer wenig Wert auf Repräsentation nach außen. Dies ist typisch für die arabische Bauweise und hat vielleicht seinen Ursprung im Prinzip der „jaima", dem Zelt der Nomaden. Dort versammelten sich die Bewohner auf engem Raum für das Sozialleben. Der Adelsstatus seiner Bewohner und der damit verbundene Reichtum bleibt zunächst verborgen, worin man eine gewisse Bescheidenheit und die Gleichheit aller vor Allah vermutet. Doch im Inneren sind die drei miteinander verbundenen Paläste ein Musterbeispiel filigraner Bauweise und Ornamentik. Verblüffend einfach, preiswert und sogar abnutzungsfreundlich sind die verwendeten Materialien, die für die Ausgestaltung der Räumlichkeiten verwendet wurden. So kamen vorwiegend Ton, Holz und Gips bei den meisterhaften Verzierungen zum Einsatz – freilich wird man bei einem Besuch nicht an die Preisstruktur der Bauten denken, denn die optischen Effekte, Staunen und Bewunderung überwiegen bei Weitem. Zudem unterlagen die Räume stets den Geschmäckern der jeweiligen Herrscher, sodass viele Aus- und Umbauten, Teilabrisse und Anbauten stattfanden.

In der Abfolge des Besuchs besichtigt man zunächst die drei „Kernpaläste": Den Mexuar-Palast, den Comares-Palast und abschließend den Löwen-Palast mit seinem berühmten Brunnen im Zentrum. Hierin spiegelt sich eine Hierarchie, denn von Tür zu Tür wird der Charakter der Räumlichkeiten privater und zugleich immer prächtiger, sodass die Besucher eine effektvolle Steigerung erleben. In den Patios werden das Wasser und das Licht, der Garten und der Himmel als Elemente miteinbezogen in die Wirkung der Räumlichkeiten. Es ist ein Besuch der Kontraste, denn man passiert zwischen den Höfen dunklere Durchgänge, um dann wieder in das Licht und in die faszinierenden Farben- und Formenspiele der Palastarchitektur zu gelangen. Diese Trilogie wird auch als das „Haus des Sultans" bezeichnet und hier spielte sich ein Großteil des administrativen Lebens der Herrscher, aber auch privater Alltag ab. Neuere Anbauten stammen aus der Zeit Karls des Fünften, diese Räume sollten bis zur Fertigstellung des großen Karlspalastes als Wohn- und Geschäftsräume dienen.

Dies sind jedoch nur die bekanntesten und wichtigsten der Paläste. Auf dem Areal der Alhambra befinden sich weitere Palastbauten, die zum Teil noch wohlerhalten sind, zum Teil nur noch erahnt werden können: der Partal-Palast, der Palast der Abencerragen und der Palast von Yusuf III. Und der Palast der Infanten, der den Grundstock des heutigen Paradors San Francisco bildet.

Der Mexuar-Palast beherbergt eine Balustrade; hier wurden Amtsgeschäfte erledigt. In der Holzdecke sind feine Intarsien eingebracht, die Wände schmücken Fliesen („azulejos").

Der Mexuar-Palast

Der Mexuar-Palast ist der älteste Bereich des Sultanspalastes, der größte Teil von ihm wurde von Ismail I. (1314–1325) errichtet. Der Mexuar hatte längere Zeit bedeutende Repräsentations- und Verwaltungsfunktionen als Sitz der Justiz und als Ort von Ratsversammlungen. Der Mexuar wurde am häufigsten von allen Palästen umgebaut und umgestaltet, sowohl in nasridischer als auch sehr stark in christlicher Zeit. Im westlichen Flügel zeugen heute leider nur noch Überreste von den früheren zwei Innenhöfen, hier gab es größere Zerstörungen. Der erste der beiden Innenhöfe wird auch als „Patio de la Mezquita" bezeichnet, denn in der Südostecke existierte ein kleiner Gebetsraum, die „Mezquita Vieja". Vermutlich gab es hier auch eine Reihe kleinerer Räume für Verwaltungsbeamte und weitere Bedienstete. An den Mezquita-Innenhof gelangt man über Marmorstufen zum „Machuca"-Innenhof, der besser erhalten ist. Er wird eingerahmt von einer Galerie aus neun Bögen, die wiederum an eine Mauer und an den Machuca-Turm angrenzt. Namensgeber für das Ensemble waren Pedro und Luis Machuca, die für Karl V. als Architekten arbeiteten. Im Mittelpunkt des Hofes stehen zur Zierde noch ein kleiner Brunnen und Orangenbäume, ein kleiner Vorgeschmack auf weitere, größere Gartenanlagen in der Alhambra.

Der Saal des Mexuar-Palastes

Dieser Raum ist der erste der namhaften Räume mit kunsthistorischem Rang. Er war ursprünglich das Werk Ismails I., doch nahmen Jusuf I. und Muhammad V. einige bauliche Veränderungen vor, wenn nicht so deutliche wie nach der Übernahme der Alhambra durch die christlichen Herrscher. Im vorderen Teil tragen vier Marmorsäulen Gebälk mit Stuckdekor und eine aus dem 16. Jahrhundert stammende Holzdecke. Eine Inschrift weist auf Ismail I. hin, Teile des oberen Wanddekors stammen vermutlich auch aus der Zeit zu Anfang bis Mitte des 14. Jahrhunderts. Es handelte sich beim Mexuar-Saal wie auch bei anderen um einen Raum mit verschiedenen Funktionen. Hier versammelten sich die Minister, hier wurde Recht gesprochen, und hier befand sich der Thronsaal des Sultans. Früher war ein Teil des Saales nach oben offen, sodass Licht hineinströmen konnte. In christlicher Zeit wurden die Deckenöffnungen zugebaut, dafür jedoch seitliche Fenster eingefügt. Zudem verwandelten die neuen Herrscher im 17. Jahrhundert den Saal zu einer Kapelle, wodurch auch die Konstruktion einer Kanzel erklärt wird. Dieser hintere Teil war vermutlich für den König oder Kadi reserviert. Weitere Umbauten waren eine Erweiterung des Saales nach Norden hin und die Errichtung eines oberen Stockwerks als Wohnmöglichkeit für die Gouverneure der Alhambra, wodurch sich das Gebäude insgesamt veränderte. Heutige Besucher finden eine Mixtur arabisch-maurischer Elemente und christlicher Bestandteile vor. Die Geometrie maurischer „Azulejos" (Kacheln) bildet ein kurioses Nebeneinander beispielsweise mit den Säulen des Herkules mit dem Schriftzug „Plus Ultra". Ein kleiner Gebetsraum im hinteren Bereich ist nach Mekka ausgerichtet, bietet aber durch die Zwillingsarkaden und Fenster eine tolle Aussicht auf den Albaicín mit seiner weißen Dachlandschaft. Auffällig ist der Mihrab, eine kleine reichhaltig verzierte Wandnische in Form eines Hufeisens, die zum Studium des Korans vorgesehen war. Verziert ist sie mit arabischen Inschriften, die zum Gebet aufrufen: „Sei nicht unter den Nachlässigen – komm zum Gebet".

Der Innenhof des Mexuar-Palastes („Cuarto Dorado")

Östlich an den Mexuar-Saal schließt der Mexuar-Innenhof an, der wegen seiner edlen Wirkung auch als „Cuarto Dorado", als „goldener Raum" bezeichnet wird. Im Zentrum zieht die Kopie des ursprünglichen Marmorbrunnens die Blicke auf sich. Die Nordseite des Raumes schmückt der Säulengang des „goldenen Zimmers" mit seinen drei Bögen. Der Raum trägt seinen Namen von der goldenen Decke, die in der Zeit der „Reyes Católicos" mit Blattgold veredelt wurde. Die Umbauten in christlicher Zeit sahen ein inzwischen zweiflügeliges Fenster im gotischen Stil vor, jeweils mit Stühlen an der Seite. Es ist ein Bereich, in dem sich maurische Dekoration mit christlicher Symbolik und Emblemen mischt. Besonders attraktiv wirkt jedoch die Süd-Fassade des Comares-Palastes, die Mohammed V. als Eingang zum inneren Palastbereich vorgesehen hatte.

Der „Cuarto Dorado" ist der erste Höhepunkt beim Rundgang durch den inneren Palastbereich. Man vermutet, dass zwischen den Türen der Thron des Herrschers aufgestellt war.

Die prächtige Fassade, übrigens der Einnahme von Algeciras im Jahr 1369 gewidmet, ist eines der wichtigsten architektonischen und dekorativen Elemente der Alhambra. Den Sockel bilden dabei Mosaikfliesen, darüber schließt eine stuckierte Wand an, die von zwei von Fliesen eingerahmten Türen gebrochen wird. Darüber folgen zwei Zwillingsfenster mit einem kleinen Fenster dazwischen. Die Art der Fenster („celosias", worin sich das Wort „Eifersucht" verbirgt) lässt auf den dahinterliegenden Privatbereich schließen, denn der Einblick von außen ist verwehrt, während man freilich von innen einen guten Blick auf das Geschehen im Hof hatte. Das Ganze wird von einem Muqarnas-Fries und einem Vordach aus Holz überdeckt. Eine Vielzahl von Inschriften preisen Allah und den Herrscher Mohammed V. Die rechte Tür führte früher vermutlich zurück in den Mexuar und zu weltlicheren Angelegenheiten, durch die linke gelangt man über einen verwinkelten, in christlicher Zeit ausgestalteten Gang zum Myrtenhof, den inneren und offiziellen Palastbereich. Daher war der Hof eine Art Scheideweg: Zwischen den beiden Türen und leicht erhöht saß der Sultan mit der prachtvollen Fassade im Hintergrund und empfing Gesandte oder eigene Untertanen, und entsprechend der Entscheidung des Herrschers erfolgte deren weiterer Weg. Inschriften in der Fassade gehen auf die Funktion der Türen beziehungsweise des Saales ein: „Meine Stellung ist die der Krone und meine Tür eine Weggabelung".

Der Comares-Palast mit dem Myrtenhof („Patio de Arrayanes")

Der nach den Myrtenpflanzen längs des Wasserbeckens benannte Myrtenhof mit seiner länglichen Form und dem wie ein Spiegel wirkenden Wasserfläche ist einer der maßgeblichen Kernbereiche der Alhambra und ein Kleinod der maurischen Kultur in Europa. Andere Bezeichnungen für den Bereich sind Patio de Comares und Patio de la Alberca, nach dem Wasserbecken in der Mitte. Erbaut wurde er von Jusuf I. in den Jahren 1333 bis 1354. Er galt als einer der wichtigsten nasridischen Herrscher und wurde wegen seiner vorausschauenden Politik und Haltung auch als der „große Emir" bezeichnet. Er förderte

den Wissenschaftsbetrieb und die Künste und galt als eine der kultiviertesten Personen in ganz Europa zu dieser Zeit. Abschließende Arbeiten an diesem Palastbereich nahm sein Sohn Mohammad V. vor, vor allem die Dekoration des Palastes. Diese beiden Herrscher führten das nasridische Königreich Granadas zu seiner Blütezeit. Die Maße für den Hof betragen 36 mal 23 Meter, für das Wasserbecken 34 mal 7 Meter. An den Längsseiten begrenzen den Hof schlichte Bauten mit Einzelgemächern sowie Durchgänge zu anderen Teilen des Palastes, die in erster Linie für die weiblichen Bewohner des Palastes vorgesehen waren. Daher wird der Myrtenhof auch als Harem innerhalb der Alhambra gedeutet, wobei er sicher keine reine Wohnfunktion hatte, sondern auch repräsentative Zwecke. Allein schon die Dimensionen des Hofes deuten auf einen Platz, an dem Verhandlungen mit Gesandten stattfanden. An der Südseite steht eine Säulenreihe mit sieben Bögen und einer modernen Tür. Früher befanden sich hier ein Zwischengeschoss sowie ein weiteres Stockwerk. Gegenüber an der Nordseite und quasi spiegelbildlich befindet sich ebenfalls eine siebenbogige Säulenreihe, eingerahmt von einer neueren Mauer mit Zinnen und zwei Ecktürmen. Die Bögen an sich sind von einem Flechtwerk (Sebka) miteinander verbunden. Im Hintergrund überragt der Comares-Turm das Ganze. Sein Name stammt von ehemaligen farbigen Glasfenstern. Der Säulengang mit der dekorativen Artesonado-Decke, den Azulejos in den Sockeln und den reichlich dekorierten Nischen öffnet sich zur Sala de la Barca. Im Innenhof fand vermutlich das gesellschaftliche Leben statt, welches aus geschützter Position aus den umliegenden Wohnbereichen beobachtet wurde. Was bisher durch kleinere Brunnen angedeutet war, tritt jetzt als Element der maurischen Architektur hervor: Wasser! Das Wasser gleichsam als Symbol des Lebens und als Spiegelfläche des Geschehens macht einen wesentlichen Teil der Palastatmosphäre aus. Es ist das Symbol für das muslimische Paradies in allen Erscheinungsformen, ob stehend oder von kleinen Brunnen aus fließend. Im Wasserbecken spiegeln sich Säulengänge, Fassaden und auch die Besucher des Patios.
Die Sala de la Barca ist ein Vorraum zum Saal der Botschafter. In die

kleinen Nischen des Eingangsbogens stellte man als Zeichen der Gastfreundschaft Schalen mit Wasser oder Parfum. Sein Name stammt vom arabischen Begriff „Baraka", was so viel bedeutet wie „Segen" – dieses Wort findet sich als Inschrift häufig an den Wänden dieses Raums. Heute wird der Raum von einer restaurierten Decke überragt, das Original wurde leider 1890 bei einem Brand zerstört.

Der Patio de las Arrayanes, der „Myrtenhof", mit seinen Wasserspiegelungen gehörte zum privaten Teil des Palastbereiches. An den Seiten waren Wohnräume, die einen Harem bildeten.

Große Aufmerksamkeit und Bewunderung erfährt der große Saal der Gesandten, auch Saal der Botschafter oder „Salón de Embajadores" genannt, der sich im Inneren des hohen Comares-Turms befindet. Er ist

18 Meter hoch bei einer Seitenlänge von 11 Metern, jeweils drei Nischen in den drei Außenmauern lockern die quadratische Grundform auf. Durch deren Fenster bricht bei entsprechendem Sonnenstand das Licht, welches zu interessanten Hell-Dunkel-Konstellationen im Raum führt, zu einem reizvollen Wechselspiel aus Licht und Schatten.

Detail im Patio de Arrayanes

In diesem Raum zeigen sich nach wie vor durch die Dekoration Anklänge an den Einfluss des Sultans. Die Dekoration war in den Ursprüngen vielfarbig und der Mauerschmuck aus Stuckelementen wirkt wie eine Fassade aus großen Gobelins mit einer Vielzahl von Naturmotiven wie Muscheln, Blumen oder Sternen. Zentrale Bedeutung genießen zudem die Inschriften, von denen es eine kufische und eine kursive Variante gibt. Die Sockelbereiche der Wände werden wie oft in der Alhambra von Azulejos, Fliesen, geschmückt. In Fliesen wie auch im Stuck wiederholen sich geometrische Muster und Figuren, wodurch nach oben hin ein Gefühl der Weite und Unendlichkeit entsteht. Florale Motive und Geometrie wechseln sich mit den Inschriften ab, welche sowohl Jusuf I. als Erbauer als auch Allah preisen: „Nur er allein hat Anspruch auf Macht, Himmelreich und Ewigkeit" und „Es gibt keinen Sieger außer Allah". In den Anfängen war auch der Fußboden aus bunten Kacheln bestehend, doch ab dem 16. Jahrhundert wurde dieser durch Ton ersetzt. An wenigen Stellen erkennt man noch Reste der ursprünglichen farbigen Mosaike. Ein absolutes Prunkstück des Saals ist die prachtvolle Holzkuppel, die von der Meisterschaft der maurischen Artesonado-Schreinerei und des Kunsthandwerks zeugt. Tausende kleiner Bausteine bilden diese Decke, die den Sternenhimmel symbolisiert und damit die Unendlichkeit Allahs. Sieben Sterne reihen sich auf bis zur zentralen Kuppel – sie stehen für die sieben Himmel, die die Seele durchquert bis zum Erreichen des Himmels als letztlichem Ziel, dem Paradies. Die vier Diagonalen der Decke symbolisieren die vier Bäume und vier Flüsse des Paradieses. Noch immer kann man sich trotz der fehlenden Farben immer noch die Wirkung und die Atmosphäre dieses Saals vorstellen, in dem der Sultan Botschafter empfing, die sich inmitten des Prunks vermutlich reichlich unterlegen vorkamen. Man weiß heute, dass in diesem Saal zwischen den Katholischen Königen und Kolumbus die Seereise nach Amerika besprochen wurde; außerdem fand hier die Ratsversammlung statt, in der die Übergabe der Alhambra beschlossen wurde.

Die Muqarnas-Kuppel im Saal der Abenzerragen mit einem achteckigen Stern im Zentrum erweckt den Eindruck der Unendlichkeit des Universums.

Hintergrund: Die Dekorationen in der Alhambra

Essentiell für die ästhetische Wirkung der Räume auf die Besucher ist die Detailgestaltung von Wänden und Fassaden mittels filigraner Dekorationstechniken. Grundsätzlich weisen Bauwerke in der islamischen Welt einen Kontrast auf zwischen dem schlichten Äußeren und dem prunkvollen Inneren mit reichen Verzierungen. Der Grund hierfür liegt in der Lebensgestaltung, was wiederum zum Teil auf klimatisch-geographische Faktoren zurückgeht. Das Leben spielte sich überwiegend im Inneren der Häuser und Paläste ab. Mehrere Räume der Alhambra gehören zu den am reichsten verzierten Bauwerken des maurischen Spanien, denn ihre Dekorationselemente reichen vom Boden bis zur Decke. Hierzu gehört beispielsweise der Saal der

Botschafter mit seiner prächtigen Decke als Abbild des Sternenhimmels und der Ewigkeit. Insgesamt greift das Kunsthandwerk der Alhambra jedoch nicht auf die volle Palette der Gestaltungstechniken zurück, sie konzentriert sich auf bestimmte Schwerpunkttechniken, mit teils preiswerten, aber effektvoll eingesetzten Materialien.

Stuckdekoration

Der Stuck ist die wohl am häufigsten verwendete Dekorationstechnik in der islamischen Kunst. Das verwendete Material hierfür ist einfach Gips, welcher mit Pulver aus Marmor oder Alabaster vermischt wird, um haltbarer und resistenter zu werden. Eine mit Wasser angerührte Masse mit der gewünschten Konsistenz wird dabei auf die Wand aufgetragen und künstlerisch gestaltet. Das einfache und preiswerte Verfahren kann an viele unterschiedliche innenarchitektonische Formen angepasst werden. Gipssteinbrüche lagen in der Nähe Granadas. Eine Technik war das Vorzeichnen von Formen auf der aufgebrachten Masse, dann erfolgte das Aufbringen einer Schablone mit dem Dekorationsmotiv und das Aufsprühen von Kohlestaub. Nach dem Abheben der Schablone blieb die Zeichnung übrig und Kunsthandwerker meißelten mit feinem Werkzeug die Zeichnungen aus. Schneller und effizienter war das Arbeiten mit vorgefertigten Formen aus Holz; diese „Aushöhltechnik" war im Vorderen Orient entwickelt worden und setzte sich auch auf der Iberischen Halbinsel durch. Mit Flüssigkeiten wie einer Melange aus Kalk und Wasser wurden die Formen abschließend bestrichen, auch um einen Glanzeffekt zu erzielen. An manchen Stellen fiel die Oberflächenbemalung nicht in leuchtendem Weiß aus, sondern auch in anderen Farben, wie Reste einer grün gestalteten Oberfläche beweisen.

Bögen mit Stuckverzierungen – ein prägendes Architektur- und Dekorationsmerkmal der Alhambra.

Holz

In der Alhambra gibt es viele herausragende Beispiele für die kunsthandwerkliche Arbeit mit Holz. Insbesondere in der Gestaltung der Decken findet sich Holz als bevorzugtes Material. Vor allem mit Zedernholz aus dem Atlasgebirge Marokkos schufen die Künstler dauerhafte Blickfänge, denn Zedernholz gilt wegen seiner Resistenz gegen Schädlinge wie den Holzwurm als altersbeständig. Vordächer, Haremsfenster – die sogenannten „celosias" – , Türen und viele weitere Elemente bestehen aus Holz, oftmals mit Intarsien veredelt. Hierfür kamen Schmuckelemente zum Einsatz wie Perlmutt, Silber und andere Edelmetalle. Doch auch andere Holzarten wurden von den Künstlern eingearbeitet, beispielsweise Holzstücke des Zitronenbaums oder des

Maulbeerbaums, die manchmal vorgefärbt wurden. Durch das kunstvolle Ineinanderlegen und Verbinden entstanden reizvolle geometrische Muster mit einem harmonischen Miteinander verschiedenster Farben. Wer Glück hat, kann manchmal in den Andenkenläden der Alhambra Kunsthandwerkern bei der Gestaltung von Schachspielen zusehen, die es als sehr ästhetisches Souvenir für akzeptable Preise zu kaufen gibt.

Dekorationen aus Keramik

Geradezu revolutionär war die Verwendung von Keramik in der Dekoration, und zwar seit Ende des 11. Jahrhunderts. Die Fliesen waren zunächst fast nur blau, doch mit der Zeit kamen auch andere Farben ins Spiel, zusätzlich wurden die geometrischen Muster immer perfekter. Viele Sockelzonen in der Alhambra sind verziert mit einem „Wandteppich" aus Fliesen, und in den oberen Bereichen der Wände findet man Fliesen in Kombination mit Stuckelementen. In spanischer Sprache bezeichnet man sie als „azulejos", was ein Lehnwort aus dem arabischen „az-zulayan" ist und „glasiertes Steingut" bedeutet. Zudem steckt darin das Wort „azul" für „blau". Für Teile mit geschnittenen oder mosaikartig gestückelten Fliesen gibt es den Begriff „alicatado". Der komplette Prozess von der Produktion der Fliesen bis hin zum Aufbringen an den Wänden war sehr aufwendig und komplex. Die Fliesen an sich wurden aus Ton und Wasser mit Hilfe von Rollhölzern hergestellt, getrocknet und gebrannt. Anschließend erfolgte das Färben, Glasieren und nochmalige Brennen der Fliesen. Verschiedene Farben kamen bei der Fliesendekoration zum Einsatz, und die Basis hierfür waren unterschiedliche Metalloxide. Blau gewann man aus Kobalt, Hellblau aus Kupferdioxid und Grün aus Kupfer oder Chromoxid. Je nach Farbe gab es verschiedene Brennverfahren. Dabei spielt die Farbsymbolik eine wichtige Rolle: Der Farbe Grün kommt eine besondere Position zu, denn sie gilt als Symbol des Propheten und spiegelt sich sowohl in der Flagge Saudi-Arabiens wieder als auch im „Grünen Halbmond", der islamischen Hilfsorganisation. Gelb ist die Sonne, Blau der Himmel und damit das Paradies, während Rot das Blut, den Kampf und die Liebe symbolisiert. Mit einer speziellen Technik wurden komplexe Gefüge bereits am Boden zusammengesetzt, mit Hilfe von Eisenformen. Damit wurde ein hoher Materialverlust verhindert, denn beim direkten Aufbringen an der Wand und das nachträgliche Bearbeiten werden viele Teile zerstört. Besonders kompliziert wurde es bei gebogenen Flächen – hier formte man als Träger ebenfalls gebogene Elemente vor, auf die man die kleineren Teile aufbrachte. In der Alhambra findet man zwei Arten von Sockelfliesendekorationen vor: Der erste Typ besteht aus zwei bis vier Teilen, sodass man die vorgefertigten Teile wie Sterne oder Dreiecke gut erkennen kann, wie bei den Fliesen im Myrtenhof etwa. Der zweite Typ beinhaltet eine Vielzahl von einzelnen kleineren Stücken, die speziell zugeschnitten wurden und die sich zu einem größeren geometrischen Dekor verbinden, wie dies im Mexuarsaal oder im Saal der Botschafter der Fall ist.

Muqarnas-Elemente

Diese sind zapfenförmige Elemente aus Holz oder Stuck. Sie wirken wie das „Gold, das vom Himmel tropft", wie dies manche Alhambraführer den Besuchern anschaulich beim Rundgang erklären. An vielen Bögen und Durchgängen sind diese Muqarnas-Dekorationen zu sehen, und sie bewirken großartige ästhetische Effekte wie im Saal der Zwei Schwestern oder an den Seiten des Löwenhofs. Dabei ist das reine Material sehr einfach, denn die Basis bilden Holzformen in der Art von Modeln. Die Kunsthandwerker füllten diese Modeln mit Gips und entfernten nach dessen Trocknung die äußere Form. Die Konstruktion allein der Modeln verdient Bewunderung, denn es handelt sich um ausgeklügelte geometrische Meisterwerke. Man hat sieben verschiedene Grundformen der Muqarnas festgestellt, die sich auf vielfältige Weise miteinander kombinieren lassen. Diese Netze aus Stuck werden manchmal stark betont. So haben beispielsweise die Säulen im Löwenhof keine eigentlich statische oder tragende Funktion. Vielmehr dienen sie als Befestigung für die Muqarnas in den Übergängen.

Inschriften

Eine zentrale Rolle für das Verständnis der Alhambra und ihrer einzelnen Räume und deren Funktionen haben die Inschriften. Sehr verdienstvoll in Bezug auf deren Aufschlüsselung sind die Arbeiten des Kunsthistorikers Oleg Grabar. Generell genießt die Kalligraphie in der islamischen Kunst einen hohen Rang. Die Bedeutung ist aber nicht ausschließlich dekorativ zu sehen, sondern ganz stark inhaltlich. Viele Inschriften ersetzen das Bild, sie haben eine bildhafte Funktion. Schriften innerhalb einer Dekorationsfläche, typischerweise einer Wand, gliedern diese Fläche bandartig, angesiedelt oft zwischen den unteren Fliesensockeln und den oberen Stuckverzierungen.

Fliesen und Inschriften.

Es gibt zwei verschiedene Schrifarten: Die kufische Schrift, die sich durch gerade Linien und eckige Zeichen charakterisieren lässt. Es handelt sich dabei um eine akademische Schrift, die nur von Kreisen eines bestimmten Bildungsgrads geschrieben und verstanden werden konnte, beispielsweise von religiösen Führern wie Imamen. Die Kursivschrift hingegen ist die verbreitetere Schriftart. Ihre Zeichen sind rund, die Abfolge der Wörter durch kleinere Zwischenräume enger. Sie setzte sich nach und nach bei der Verwendung in der Gebäudedekoration durch, denn sie konnte von einem höheren Anteil der Bevölkerung gelesen und verstanden werden – wobei der Anteil der Schriftkundigen in der Bevölkerung eher gering war. Vor allem in Bögen und Toren gibt es viele Inschriften, meist mit dem Satz „Es gibt keinen Sieger außer Allah". Grabar erwähnt, dass mit der formelhaften Wiederholung von Koransprüchen eine bestimmte Atmosphäre beabsichtigt war. Dies hat zu tun mit der Verbindung von Herrschaft und Glaube – die herrschaftlichen Räume der Alhambra wurden also von Ausdrücken der geistlichen Macht symbolisch durchzogen. Daneben existieren jedoch weitere Inschriften in der Alhambra, die auf die Funktion von Räumen oder auf bestimmte Personen hinweisen. Beispielsweise finden sich am Tor der Gerechtigkeit und an der Puerta del Vino solche Hinweise auf die Funktion der Architektur. Inschriften können ebenfalls Gedichte beinhalten, meist als Loblied auf den jeweiligen Herrscher oder auf die Schönheit der Gebäude. Die lyrische Tradition im Islam ist komplex, allerdings regional in erster Linie auf Persien bezogen. Die Poesie in der Alhambra ist damit eine Ausnahme in der islamischen Welt westlich des Euphrat. Ibn Zamrak war der bekannteste der Dichter auf der Alhambra, ein Gedicht von ihm ziert den Brunnen im Löwenhof. Nahezu alle Räume der Alhambra sind mit Gedichten geschmückt, die meist in Augenhöhe gut lesbar angebracht sind. Beispiele hierfür sind die Nischen zwischen Sala de la Barca und Saal der Botschafter, der Alkoven im Saal der Botschafter und der Saal der Zwei Schwestern. In der Nische zur Sala de la Barca wird Muhammad V. für seinen Sieg bei Algeciras 1369 gepriesen und in Bezug zur Natur und zum Himmel gesetzt. Viele Gedichte widmen sich ausführlich der

Bedeutung des Wassers und des Gartens als Verkörperung des Paradieses. Eine detaillierte Auflistung der Beispiel würde hier den Rahmen sprengen, bei Grabar finden sich aber viele sehr schöne und schlüssige Zitate. Wie groß die Sehnsucht im islamischen Raum nach Natur und dem Element Wasser war, lässt sich zudem in den Übersetzungen arabischer Lyrik von Annemarie Schimmel nachlesen, die für ihre Arbeiten den Friedenspreis des deutschen Buchhandels erhielt.

Der Löwenhof

Eingangs war von einer Steigerung im Verlauf des Palastbesuchs die Rede. Die Choreographie erfährt nun ihre Abrundung und ihren Höhepunkt bezüglich erlesener Dekoration und Ästhetik im dritten großen Bereich, dem Löwenhof.
Der Löwenhof, im Spanischen „Patio de los Leones", ist ausschließlich in der Regentschaft von Muhammad V. entstanden, wie man Inschriften entnehmen kann. Dieser Palastbereich war exklusiv für das Privatleben gedacht, für den Harem. Der rechteckige Hof (28,5 mal 15,7 m) wird von einem Säulengang umgeben und vier Hauptgemächern. Diese sind im Westen der Muqarnas-Saal, im Osten der Saal der Könige, im Norden der Saal der Zwei Schwestern mit dem Mirador de Daraxa und im Süden der Saal der Abencerragen mit Räumen des Harems darüber. Im Zentrum des Löwenhofs steht der berühmte Löwenbrunnen, der seinen Namen seit der Reconquista trägt. Die Herkunft der Löwen ist ungeklärt, eventuell stammen sie von einem Vorgängergebäude der Palastanlagen, welches 1060 Jusuf ibn Nagrela erbauen ließ, der jüdische Wesir des Berberfürsten Badis. Das zwölfeckige Brunnenbecken jedoch stammt aus der Zeit Muhammads.

Der Löwenhof im Zentrum des Palastbereichs mit seinem Brunnen

Charakteristisch für den Patio ist das Spiel mit dem Licht, für das die Säulen und die Stuckelemente verantwortlich sind. Das Licht bricht sich, die Vielfalt der Formen moduliert und mildert scharfe Kontraste. Hierdurch entsteht ein „unwirklicher und schwereloser Eindruck", wie dies Honour und Fleming in ihrer berühmten Kunstgeschichte feststellen. Das Wasser glitzert aus dem im Zentrum befindlichen Brunnen und fließt in vier sich kreuzende Kanäle, was eine Vorstellung vom Paradies vermittelt. Dies ist eine Anspielung an die vier Flüsse im Garten Eden. Die Tiersymbolik durch die zwölf Löwen hingegen sind eine Art Ehrerbietung an den Propheten Salomon, den ersten großen Erbauer eines Palastes, was ein Gedicht aus dem 11. Jahrhundert belegt. Die vermutlich älteren Löwenstatuen unklarer Herkunft wurden im 14. Jahrhundert nochmals neu eingesetzt bei einer Renovierung, damals wohl als Symbol des Triumphs nach der Einnahme von Algeciras im Jahr 1369.

Wie bereits erwähnt, genießen die Inschriften in der Alhambra einen hohen Grad an Bedeutung. Auch der Löwenbrunnen trägt eine Inschrift mit dem Titel „Vom Wolkensaft", und zwar aus dem 14. Jahrhundert von keinem Geringeren als vom berühmtesten Dichter der Alhambra, von Ibn Zamrak.
Ein Auszug lautet: „Ist das Wasser – der Wolkensaft, den die Kanäle zu den Löwen leiten – nicht wahrhaftig der Gnade gleich, die der Kalif den Löwen des Krieges erweist?"

Der Muqarnas-Saal im Westen benennt sich so auf Grund der kunstvollen Gewölbe aus Stuck (Muqarnas), die herunterragen. Leider sind seit einem Brand im Jahr 1590 nur noch Reste erhalten. Die Decke stammt aus der Renaissancezeit aus dem frühen 17. Jahrhundert.

Der Saal der Könige (Sala de los Reyes) im Osten des Innenhofs besteht aus drei quadratischen Teilen. Diese sind jeweils von Kuppeln aus Muqarnas-Stuck über Bogenfenstern gewölbt und durch rechteckige Abschnitte mit Bogengängen verbunden. Im Raum entstehen durch die

Alkoven in den Ecken unterschiedliche Lichteffekte. Besonders interessant sind jedoch die Deckengemälde. Im Zentrum sind 10 maurische Könige, sie sitzen auf Kissen und debattieren. Man nimmt an, dass sie die ersten Nasridenkönige bis Muhammad VII. darstellen, der von 1392 bis 1408 regierte. Überraschend ist die bildliche Darstellung insofern, als sie dem Klischee vom Bildverbot in der islamischen Kunst widerspricht. Nicht überall und nicht zu jederzeit wurde diesem offenbar entsprochen. Andere Motive zeigen Szenen der Jagd und am Hof, die vermutlich um 1400 unter französischem Einfluss entstanden sind.

Der große Raum im Norden des Löwenhofs ist der „Saal der Zwei Schwestern", benannt nach den beiden großen Marmorplatten des Bodens. Das Zentrum des Raumes schmückt ein eher zierlicher runder Brunnen, von dem aus das Wasser in einem Kanal in den Brunnen des Löwenhofs läuft. Dieser Saal war der hauptsächliche Wohnbereich des Palastes, die große hölzerne Eingangstür zum Bereich findet man heute im Museum der Alhambra. Der quadratische Saal wird überwölbt von einer prächtigen Muqarnas-Kuppel in einer achteckigen Umrandung. Die Stuckdekorationen schmücken die Wände in ihrer gesamten Ausdehnung, hervorstechend sind ebenfalls die Fliesensockel in der unteren Ebene des Raumes. Vermutlich war dieser Saal der hauptsächliche Aufenthaltsort der Sultanin, denn es gilt als sicher, dass hier die Mutter des letzten nasridischen Herrschers, Boabdil, gewohnt hat. Das Saalinnere schmückt ein Gedicht des bereits erwähnten Hofpoeten Ibn Zamrak. Er vergleicht darin den Garten des Löwenhofs und den Raum mit den Sternbildern, genau wie im Saal der Gesandten versinnbildlicht auch hier die Kuppel den Himmel und die Ewigkeit.

An der Nordseite führt der „Sala de los Ajimeces" genannte Raum zum „Mirador de Daraxa", dem Aussichtspunkt der Sultanin, wobei „Daraxa" eine satirische Bezeichnung für „Dar Aischa" darstellt. Eine andere Bezeichnung lautet „Lindaraja", was vermutlich zurückgeht auf „al-Ayn-Dar-Aisa" und soviel bedeutet wie „die Augen des Hauses von Aischa". Dieser grazile rechteckige Raum birgt zwei Bogenfenster an den Längsseiten und einen Zwillingsbogen in der Stirnseite. Die Fenster sind niedrig, denn man saß auf dem Boden auf Kissen. Von diesem Mirador aus genoss nicht nur die Sultanin einen exklusiven Blick auf den gegenüberliegenden Hügel des Albaicín, auch als heutiger Besucher der Alhambra kommt man in diesen vorzüglichen Genuss. Dieser Bereich ist einer der am besten erhaltenen in den Palästen und einer mit den reichhaltigsten Verzierungen. Die Dekorationen der Sockelfliesen sind vor allem in diesem Bereich der Alhambra äußerst kunstvoll ausgeführt, in den Farben schwarz, weiß und gelb.

An der Südseite des Löwenhofs befindet sich der Saal der Abenzerragen, der nach einer maurischen Fürstenfamilie benannt ist. Deren letzte Angehörige wurden hier gegen Ende der nasridischen Herrschaftsepoche von Granada auf Grund von Stammeskonflikten ausgelöscht und enthauptet, vermutlich 1450 in der Regentschaft von Muhammad IX. Dieser Raum war als privater Bereich vorgesehen und er konnte durch eine hölzerne Tür verschlossen werden. Eine Muqarnas-Kuppel als Symbol des himmlischen Paradieses mit einer ebenfalls achteckigen Umrahmung überwölbt den quadratischen Mittelraum, an den sich zwei rechteckige Alkoven anschließen. Stuck und Fliesen hingegen stammen aus einer nach-nasridischen Zeit aus der Mitte des 16. Jahrhunderts.

Hintergrund: Islamische Zahlensymbolik im Löwenhof

Auch ohne sich in die Nähe esoterischer Strömungen zu bewegen, kann man sich durchaus mit alten, tradierten Symboliken befassen. Einige Details sind augenfällig und hinlänglich anerkannt: Aus dem Brunnen im Löwenhof fließt in alle vier Richtungen Wasser. Die „Vier" finden wir oft in der physischen Welt, es gibt vier Windrichtungen und auch vier Elemente. Höchstwahrscheinlich steht die Vierzahl der Rinnsale für die vier Flüsse des Garten Eden. So heißt es in der Genesis im ersten Buch Mose: „Ein Strom entspringt in Eden, der den Garten bewässert; dort teilt er sich und wird zu vier Hauptflüssen. Der eine heißt Pischon;

er ist es, der das ganze Land Hawila umfließt, wo es Gold gibt. Das Gold jenes Landes ist gut; dort gibt es auch Bdelliumharz (Guggul) und Karneolsteine (Onyx). Der zweite Strom heißt Gihon; er ist es, der das ganze Land Kusch umfließt. Der dritte Strom heißt Tigris; er ist es, der östlich an Assur vorbeifließt. Der vierte Strom ist der Eufrat." Die Brunnenschale wird von zwölf wasserspeienden Löwen getragen. Zwölf ist die Zahl der Tierkreiszeichen, die auch der Zahl der Monate entspricht. Zwölf Säulen tragen die Baldachine im Löwenhof, während es im Myrtenhof sieben Arkaden zu beiden Seiten sind, während im Schmuck der Seitenpforten die Wappen der Nasriden je sieben Mal wiederholt werden.

Die christlichen Räume im Palastbereich

Nicht nur die heutigen Besucher der Alhambra sind von der Schönheit der Paläste tief beeindruckt. Auch die Katholischen Könige waren es nach der Übergabe der Stadt Granada im Jahr 1492. Die Alhambra wurde zur „Casa Real" ernannt, zum Königshaus. Nach dem Geschmack der spanischen Krone wurden nun nach und nach Veränderungen eingefügt, von denen der Karlspalast das monumentalste Beispiel darstellt. Doch auch direkt im Anschluss an die Nasridenpaläste gab es Erweiterungen. Ab dem Jahr 1528 beschloss Karl V. den Bau von privaten Räumen für Wohnzwecke auf der Alhambra. 1729 wohnten der Bourbonenkönig Philipp V. und Elisabeth von Parma in diesen Räumen.

Die Gemächer des Kaisers: Beim Besuch gelangt man vom Löwenhof aus zunächst in das Arbeitszimmer des Kaisers. Der Raum birgt einen großen Kamin und eine dunkle Holzdecke mit Kassetten. An einer Stelle sind das kaiserliche Motto „Plus Ultra" und die Initialen „K" und „Y" verewigt, stellvertretend für Karl und Isabella. Nach rechts gelangt man zu einem Übergangsraum und zu weiteren vier Räumen. Eine Gedenktafel weist in den ersten beiden Räumen darauf hin, dass hier eine Zeitlang im Jahr 1829 Washington Irving lebte, der Autor der „Erzählungen von der Alhambra". Die folgenden Räume sind schmaler und eher als Gänge zu bezeichnen, wegen der Deckenzeichnung sind sie auch unter dem Namen „Früchtesäle" bekannt.

Schlicht – in diesem Raum lebte Washington Irving.

Innenhöfe Reja und Lindaraja: Diese beiden sehr ästhetischen Innenhöfe stellen kleine Oasen der Ruhe und dank der Brunnen auch der Erfrischung dar. Sie entstanden ebenfalls bei den Umbauarbeiten zwecks Erweiterung der Paläste für die christlichen Herrscher. Von der im 16. Jahrhundert errichteten Galerie aus, von der man spektakuläre Blicke auf den Albaicín und den Darro genießt, gelangt man in den Patio de la Reja, der wegen der Gitterstäbe des Galeriegeländers so heißt. Wie bei vielen neueren Elementen in der Alhambra ließ man sich auch bei der Gestaltung des Gartens aus Italien inspirieren. Auffallend sind die vier großen Zypressen im Innenhof, ebenfalls ein Zeichen für die Vorlieben für die Toskana. Die Säulen rund um diesen Hof stammen von anderen Bereichen der Alhambra, sind also Spolien.

Frisierzimmer der Königin: Dieser separate Raum ist im Rahmen eines Alhambrabesuchs in der Regel nicht zugänglich. Es handelt sich um ein Zimmer im oberen Teil des alten Turms von Jusuf I., das 1537 als Privatgemach für Kaiserin Isabella eingerichtet, jedoch nie von ihr genutzt wurde. Ein Vorzimmer führt darin zu einem Ankleideraum, die Wände sind mit Fresken der italienischen Maler Aquiles und Mayner geschmückt. Sie zeigen historische Szenen vom Feldzug Karls V nach Tunis und Motive aus der Mythologie.

Das königliche Bad: Der Koran setzt für die Reinigung des Geistes die Reinigung des Körpers voraus, Sauberkeit und Hygiene und damit der Besuch eines Bades, eines „Hamam" sind also heilige Pflichten für Muslime. Zudem sind arabische Bäder auch ein sozialer Treffpunkt. Auf der Alhambra gab es viele Badeanstalten, doch leider sind nur noch zwei von ihnen erhalten, und zwar die der Paläste und die wesentlich kleineren an der Moschee. Jeder einzelne Palast hatte in arabischer Zeit sein eigenes Bad, doch die christlichen Eroberer sahen in der Badekultur verbotene religiöse Praktiken und zerstörten daher nahezu alle Bäder.

Die Baderäume auf der Alhambra sind nur selten für Besucher geöffnet. Falls Sie die Gelegenheit zu einem Rundgang durch diese exklusiven Räume haben – herzlichen Glückwunsch! Falls Sie sich generell einen Eindruck verschaffen möchten über die Kunst des „Hamam" in der islamischen Welt, so gibt es auch andere Möglichkeiten hierfür. Die nächstliegende befindet sich ebenfalls auf dem Gelände der Alhambra, ganz in der Nähe von Parador und Kapelle, und zwar die Bäder der Moschee. In der Altstadt von Granada, und zwar an der Carrera del Darro, finden Sie das „bañuelo", ein fein restauriertes Kleinod. Es weist ebenfalls die typischen Elemente eines arabischen Bades auf. Schließlich gibt es die Möglichkeit, selbst wie in einer Sauna oder Therme die Badekultur kennenzulernen. Mehrere Anbieter haben sich in der Altstadt von Granada darauf spezialisiert. Der „Hammamalandalus" in der Calle Santa Ana bietet ein angenehmes Ambiente in Dampfbad und Wasserbecken mit verschiedenen Temperaturen, man reicht Tee und hält Badetücher bereit. Gerade recht für eine Entspannung nach einem Kulturtrip oder einer Wanderung – leider ist das Vergnügen auf einen Aufenthalt von zwei Stunden begrenzt. Südwestlich liegt der Kurort Alhama de Granada, der einen Ausflug wert ist. Die Badeanstalt bietet im Untergeschoss noch original maurische Badegewölbe, die man besichtigen kann.

Die Räume auf der Alhambra gehörten ursprünglich zum Comares-Palast, sie haben sowohl vom Myrtenhof als auch vom Löwenhof aus einen Zugang. Generell ist die Abfolge der Räume aus der römischen Antike übernommen. In christlicher Zeit wurden einige Durchbrüche vorgenommen, was die Zugänglichkeit erleichterte, jedoch im Widerspruch zur Intimität der einzelnen Räume steht. Im Hintergrund der Bäder gab es heute nicht mehr zugängliche Dienstbotengänge für Diener, die die ebenfalls verborgenen Heizräume als „Saunameister" befeuerten.
Hauptraum ist die „sala de las camas" oder „Apoditerium", der Saal der Ruheliegen, wo man sich aus auszog. In dessen Zentrum befindet sich ein quadratischer Bereich mit einem Brunnen. Hinter Arkadenbögen konnte man sich in Ruhenischen zurückziehen. Erhöht auf Galerien sorgten Musiker für eine entsprechende akustische Untermalung; hier saß auch der Sultan und traf seine Wahl unter den Frauen. Erbaut wurde der Raum in der Zeit Jusufs I (1333–1354), die Dekorationen stammen allerdings aus christlicher Zeit, aus dem 16. und dem 19. Jahrhundert. Der Raum ist aufwendig restauriert mit bunten Sockelfliesen und prächtigem Stuck und gilt als einer der schönsten in der Alhambra. An der Ostseite kommt man zum Daraxa-Garten und zum „Frigidarium", dem Abkühlbereich, der die Rolle eines Durchgangsbereichs hat. Anschließend folgt das „Tepidarium" als

Dampfbad und damit der zentrale Bereich der Bäder. Sehr schön und ästhetisch empfindet man als Besucher die sternenförmigen Öffnungen in den Dächern, die effektvolle Lichtkontraste erzeugen. Sie hatten aber auch eine profane Bedeutung, und zwar den Abzug des Dampfes, der durch das Zusammenspiel von Kanälen im Boden und einer technisch ausgeklügelten Anlage und einem Röhrensystem unter dem Boden erzeugt wurde. Noch heißer wurde es im „Caldarium": Die Luft im kompletten Raum wurde durch ein unterirdisches System erhitzt, ein Heißwasserbecken und ein Kaltwasserbecken luden ein zu einem Wechselbad mit kontrastierenden Temperaturen.

Der Partal-Palast

Nach dem Besuch der Paläste und mit etwas Glück auch der arabischen Bäder gelangt man in großzügigere Außenanlagen und genießt wieder etwas Bewegungsfreiheit. Hier trifft man gleich auf ein besonderes Schmuckstück – den Partalgarten mit dem Turm der Damen und einem Wasserbecken, das in seiner geometrischen Anlage persischen Prinzipien folgt. Es handelt sich dabei um die immer noch sehr repräsentativ wirkenden Reste des Partal-Palastes, des ältesten Palastes der Alhambra. Er stammt noch aus der Epoche Muhammads III. (1302–1309), vermutlich wurde das Gebäude von hochgestellten Beamten bewohnt. Das eher zierlich wirkende Gebäude weist einen Portikus, einen Säulengang auf, eine andere Bezeichnung hierfür ist „Partal". Die Säulengalerie aus fünf Bögen und das Holzdach sind maßgeblich für die Ästhetik des Baus. Die Inschriften in der Artesonado-Decke preisen Allah und die Schönheit des Palastes. Sehr schön sind auch die Sockelfliesen im hinteren Bereich des Saals. Eine Treppe führt zum Turm und ein Stockwerk höher. Der Turm diente als Aussichtspunkt und beherbergte eine sehr schöne Holzkuppel, die jedoch im Original im Islamischen Museum in Berlin zu finden ist. In Verbindung mit den Spiegelungen der Bäume im Wasserbecken ergibt sich ein wunderschöner Blick, der zudem noch von den weißen Dächern des Albaicín im Hintergrund umrahmt wird. Rechts des Partals steht noch ein kleines Häuschen, der

„Torre del Mihrab", das die Funktion eines Gebetsraumes hatte. Der Turm weist trotz seiner kleinen Dimensionen typische Bauelemente auf, nämlich einen Hufeisenbogen und eine Muqarnas-Kuppel und geht auf Einflüsse aus Marokko zur Mitte des 14. Jahrhunderts zurück. Der Garten zwischen dem Partal und dem breiten Fußweg bestand bis zur Mitte des 19. Jahrhunderts aus kleinen, für Gartenbau genutzten Grundstücken. Erst nach und nach offenbarten sich durch Restaurierungsarbeiten in diesem Bereich zusätzliche städtische Strukturen, man legte Grundmauern, Bodenbeläge und Wasserbecken frei.

Der Partal – ein hochästhetisches Kleinod in Gartenanlage.

Türme und weitere Sehenswürdigkeiten

In der Reihenfolge des Rundgangs passiert man nun in Richtung Generalife mehrere beeindruckende Türme in etwa gleichen Abständen. Der erste ist der „Torre de los Picos", so benannt wegen der Burgzinnen auf seiner obersten Plattform. Er stammt von Ende des 13. bis Beginn des 14. Jahrhunderts und verfügt sowohl über Verteidigungsfunktionen als auch über eine Nutzung als Wohnung, was man aus Innendekorationen schließt. Er diente auch zum Schutz der „Puerta de Arrabal", einem Eingangstor zur Alhambra und zum Generalife an der Nordseite. Ein äußerer Wall, das Eisentor als neues Außentor und ein Reitstall kamen erst in christlicher Zeit als Neubauten hinzu.

Der „Turm der Gefangenen" oder auf Spanisch „Torre de la Cautiva" birgt einen kleinen Palast mit üppigen Dekorationen mit Stuckverzierungen und Fliesensockeln. Vermutlich geht das Gebäude auf Jusuf I. zurück (1333–1354), Inschriften deuten darauf hin. Der Name des Turms rührt von einer historischen Legende: Isabel de Solis, Tochter eines christlichen Edelmannes, wurde von nasridischen Soldaten gefangen genommen und nach Granada gebracht. Der Sultan Muley Hacen verliebte sich in sie, und sie konvertierte sogar zum Islam und heiratete als „Zoraya" den Sultan. Allerdings löste sie ein Eifersuchtsdrama aus, denn die erste Frau von Muley Hacen, Aischa, opponierte und intrigierte gegen ihren Gatten. In der Folge wurde der Sultan vom eigenen Volk nicht mehr unterstützt, musste zu Gunsten seines eigenen Bruders Zagal abdanken und ging mit Zoraya ins Exil.

Der „Turm der Infantinnen" ist neueren Datums und stammt aus einer jüngeren Bauphase der Alhambra, aus der Zeit von Muhammad VII. (1392–1408). Die Dekorationen im Inneren sind spärlicher, denn auch das Kunsthandwerk litt unter dem Verfall des Nasridenreiches, das unter dem Druck der christlichen Heere auch ökonomisch immer schwächer wurde. Im Hauptraum gibt es einen Innenhof mit einem kleinen Brunnen. Seinen Namen trägt der Turm wegen einer Geschichte, die Washington Irving in seinem berühmten Werk erzählte. Diese drei jungen Damen wuchsen erst in Salobreña auf, dann – wegen ihrer Schönheit – versteckt in diesem Turm der Alhambra. Sie verliebten sich jedoch in drei christliche Geiseln und brannten nach der Zahlung des Lösegelds mit diesen durch.

Geht man nochmal eine Schleife auf dem Hauptweg zurück in Richtung Karlspalast, so gelangt man an weiteren sehenswerten Gebäuden vorbei. Ursprünglich befanden sich auf dem Gelände östlich der Paläste viele weitere Gebäude, die der Alhambra den Charakter einer kleinen Stadt gaben, daher der arabische Begriff „Madinat al-Hamra". Nur noch Mauerreste und archäologische Fundstücke weisen auf das Vorhandensein dieser Siedlungselemente hin. Man geht davon aus, dass hier viele Handwerksbetriebe angesiedelt waren, wie Keramikwerkstätten, eine Gerberei und eine Münzprägerei. Einen kleinen Eindruck von der früheren Vielfalt der Palastanlagen gewinnt man noch aus den Mauerresten zur Linken, die auf den früheren Palast der Abenzerragen hinweisen. Die Kirche Santa María hingegen ist sehr wohl noch zu besichtigen, sie stammt aus den Jahren 1581 bis 1618 und wurde an der Stelle einer zerstörten Moschee errichtet. Der Grundriss ist ein lateinisches Kreuz und die Pläne stammten von Juan de Orea, nachdem ein aufwendigerer und teurerer Plan von Juan de Herrera nicht angenommen wurde. Dennoch stammen im Inneren einige Elemente von namhaften Künstlern: Alonso de Mena steuerte das Kruzifix, die heilige Susanna und die heilige Ursula bei. Aus der Schule von Alonso Cano stammt der Hochaltar mit seinen korinthischen Säulen aus dem Jahr 1671.

Der Parador als staatliches Luxushotel ist in einem Franziskanerkloster aus dem 15. Jahrhundert untergebracht, dem Convento de San Francisco. Ursprünglich befanden sich an dieser Stelle eine Moschee und ein Palast, errichtet von dem Nasridenherrscher Jusuf I. Von den Gärten und Aussichtsterrassen blickt man auf die Türme der Alhambra auf der einen Seite und auf den Schnee der Sierra Nevada auf der anderen.

Hintergrund: Die Rolle des Wassers in der Alhambra

In der Alhambra nimmt das Element „Wasser" eine wichtige Funktion ein. Wasser ist nicht nur das Elixier des Lebens, es ist die Grundlage des Paradieses. In nahezu allen Teilen der Alhambra finden wir das Wasser förmlich gewürdigt und nahezu geheiligt vor. In den Höfen mit ihren großen Wasserbecken, in denen sich sowohl Palastarchitektur als auch Pflanzen und nicht zuletzt die Besucher spiegeln wird dies deutlich. Kleiner und filigraner sind die vielen Brunnen mit angeschlossenen Wasserläufen und ein besonderes Kleinod die „Treppe des Wassers" im hinteren Teil des Generalife. Die Versorgung der Alhambra mit Wasser war eine technische Meisterleistung, die auf mehreren Ebenen ablief. Es gab auf dem Sabika-Hügel eine große Regenzisterne, die man heute noch im Zuge einer Wanderung aufsuchen kann. Außerdem lieferte ein Staubecken im Darro-Tal gespeichertes Wasser nicht zuletzt für die vier landwirtschaftlichen Flächen im Bereich des Generalife. Spaziergänger an der Carrera del Darro kommen automatisch an der Puente del Cadi vorbei: Dieser Mauerrest weist auf eine hydraulische Konstruktion hin– hier befand sich eine Art Hebewerk für das Wasser des Darro, welches vom Tal bis hinauf zur Alhambra befördert wurde. Bei besagter Wanderung kann man an den Hängen des Darro noch die Reste der „Acequia Real" besichtigen, der königlichen Wasserleitung, die noch heute in ihrer Grundstruktur intakt ist und Wasser transportiert. Mit Hilfe dieses künstlichen Kanals wurde die Anlage der Alhambra überhaupt erst ermöglicht, ab den Anfängen des 13. Jahrhunderts. Die Wasserleitung sieht man als Besucher außerdem im Übergangsbereich vom Generalife zur Alhambra, wo der Kanal die Cuesta de los Chinos mittels eines Aquäduktes überquert. Dort beschützte der mächtige Torre del Agua die Wasserleitung und verhinderte deren Zerstörung oder Sabotage. Mit Hilfe eines ausgeklügelten Systems gelangte das Wasser auch in höher gelegene Bereiche, und somit konnten die Gärtner die Landwirtschaft vergrößern. Dass die Araber durchaus kundige Facharbeiter in punkto Bewässerungstechnik sind, lässt sich aus der Oasentradition erklären. Noch heute werden Dattelpalmenplantagen in Tunesien oder Marokko mit komplexen Systemen bewirtschaftet. Faszinierend sind zudem die „Khanate", die in extremen Trockenregionen unterirdisch Brunnen speisen. Große, von Wasserrädern betriebene Pumpanlagen sind eine weitere Spezialität. Mit Hilfe von Maultieren trieb man das Wasserrad, die „Noria" an und holte Wasser aus Tiefbrunnen. Auch oberhalb des Generalife muss eine solche Anlage existiert haben. In der Nähe von Murcia gib es ein Landwirtschaftsmuseum, welches solche Norias demonstriert, vereinzelt sieht man Rekonstruktionen noch in Volkskundemuseen. Von den Brunnen aus führten „Acequias", Wasserkanäle mit Schiebereglern, zu den Gärten. Solche Systeme von Kanälen kann man beim Wandern in der Alpujarra sehen, wo sich bis heute Formen der maurischen Terrassenlandwirtschaft erhalten haben.

Panorama vom grünen Sabika-Hügel mit der Sierra Nevada.

Der Generalife

Oberhalb des eigentlichen Areals der Alhambra liegt der Generalife an den Hängen des Cerro del Sol. Von der Alhambra trennt ihn der Taleinschnitt der Cuesta de los Chinos, die zugleich eine der Zugangsmöglichkeiten zu Fuß darstellt. Der Generalife ist eine Gartenlandschaft mit Pavillons und gilt als Sommerresidenz der nasridischen Herrscher, geprägt von mehr Vegetation und Wasser als in der Alhambra. Der Name leitet sich her vom arabischen „Jannat al-Arif", was so viel bedeutet wie „Garten des Erhabenen" oder auch „sehr vornehmer Garten". Die heutige Gartenanlage unterscheidet sich deutlich von der des Mittelalters, maßgebliche Änderungen wurden im Jahr 1862 vorgenommen. Die Ursprünge des Generalife stammen wahrscheinlich aus dem 13. Jahrhundert, 1319 erfolgte eine Neugestaltung in der Herrschaftsepoche von Ismail I. In den Anfängen waren Alhambra und Generalife durch das Tor beim Torre de los Picos sowie einen steilen Aufgang miteinander verbunden. Jetzt erfolgt der Zugang über den Weg und die Gärten nahe des Torre del Agua, wo auch der Haupteingang und der Kassenbereich der Alhambra sind. Als Besucher passiert man auf einem Abschnitt des Zypressenwegs zunächst das Freiluft-Auditorium mit Amphitheater zur Rechten. Hier finden in den Sommermonaten teils hochkarätige Freiluftveranstaltungen aus den Bereichen klassischer Musik und Ballett im Rahmen des „Musik- und Tanzfestivals" statt. Linker Hand sind an den Hängen Beete und kleinere Felder in dem „Colorá"-Areal angelegt und gegenüber erstreckt sich die lange Mauer der Alhambra mit ihren wuchtigen Türmen. Im Anschluss lustwandelt man durch die sehr dekorativen „Neuen Gärten", die nach der maurischen Zeit an die Stelle von Obst- und Gemüsegärten traten, von denen aus man die Alhambra mit Nahrungsmitteln versorgte. Die Exposition des Geländes gilt als günstig, zumal man auch Bewässerungsanlagen unterhielt. Diese kleine Finca wurde nach der Übernahme Granadas an einen Verwalter übergeben, ab 1631 ging die Konzession an die Familie Granada-Venegas, ab 1921 übernahm der Staat die Pflanzung. Dies markierte auch den Beginn einer neuen

Nutzung als Naherholungsgelände für die städtische Bevölkerung. Ab 1951 wirkte der Architekt Prieto Moreno und gestaltete den Garten nach maurischen Vorbildern, 1952 folgte der Bau des Amphitheaters. In der Gartenanlage spaziert man zwischen Zypressen und Wasserbecken, Laubengängen und Rosenstöcken, kleine Brunnen sind hübsche Blickfänge.

Der Generalife – ein Meisterwerk der Gartenkunst.

Der Generalife-Palast ist der Mittelpunkt des gesamten Geländes und ein heller, leicht und fragil wirkender Thron oberhalb der Burganlage der Alhambra. Zwei Innenhöfe bilden den Zugang zum Palast. Der erste war vermutlich der Ort des „Absitzens" vom Pferd, der zweite hat bereits dekorativen Charakter mit einem Brunnen und Orangenbäumen.

Wunderschön ist der Hof mit dem länglichen Wasserbecken direkt vor dem Nordpavillon des Palastgebäudes. Der westliche Palastflügel besteht aus einer offenen, aus christlicher Zeit stammenden Bogengalerie, die weite Blicke auf Granada und das Tal des Darro eröffnet. Viele Gebäudeteile sind neu, darunter der Ostflügel, denn das originale Gebäude fiel 1958 einem Brand zum Opfer. Den nördlich gelegenen Pavillon nutzte der Sultan als Wohngebäude, er hat eine Galerie aus fünf Bögen, dahinter befinden sich die Privaträume.

Geheimtipp „Escalera del agua" in den Gärten des Generalife.

Östlich angrenzend gelangt man in einen weiteren Hof mit einer sehr schönen Gartenanlage, es ist der Hof der Sultanin. Jedoch stammen alle Elemente aus christlicher Zeit. Interessant ist eine Legende: Hier ertappte angeblich der Sultan Muley Hacen seine Frau beim Flirt mit einem Angehörigen der konkurrierenden Abenzerragen-Familie, das Massaker an dem Clan war die direkte Folge der Eifersucht. Heute zeugt eine dekorative Kachel von dieser Geschichte. Der Säulengang des Gebäudes sowie die Wasserbecken verdienen einen bewundernden Extra-Blick, auch die Akustik des Hofs mit dem sprudelnden Brunnenwasser ist etwas Besonderes – man denke an die Bedeutung des Wassers und des Gartens als Symbol für das Paradies.

Durch ein Tor mit dem Adelswappen der Mendoza-Familie gelangt man zu einem ganz besonderen Element der Palastanlage: Die „Wassertreppe", „Escalera de Agua" besticht durch ihren speziellen Handlauf, der gleichzeitig als Wasserlauf fungiert. Die Wassertreppe ist noch original aus nasridischer Zeit erhalten – ein Musterbeispiel arabischer Gartenkunst und -technik. Myrten, Jasmin und Rosenstöcke verzaubern diese Zone der Stille, die auch im Hochsommer Frische verbreitet, gerade recht zum Abschluss einer ausführlichen Alhambrabesichtigung, die man mit dem Rückweg durch die Zypressenallee ausklingen lassen kann.

Hintergrund: Architektonische Charakteristika der Alhambra

Die nasridische Palastbauweise zeichnet sich durch einige Besonderheiten aus. Größere Empfangssäle sind kombiniert mit Gartenanlagen und Brunnen mit Wasserläufen. Die Räume weisen je nach Zweck eine deutliche Rangordnung auf, wie man in der Reihenfolge des Besuchs unschwer feststellen kann. Die zierlich wirkenden Gärten stehen im Schutz großer Türme, man hat also die intimen Bereiche geschickt mit der Wehrarchitektur mächtiger Mauern verbunden. Auch in den Mauern trutziger Türme finden sich zierliche Wohnbereiche, wie im Torre de las Damas. Das Element der Wasserbecken greift auf eine architektonische Tradition zurück, denn bereits in älteren Palastanlagen wie Medina Azahara bei Córdoba spielte das Wasser eine große Rolle – Fassaden der umgebenden Palastbauten spiegeln sich in der Wasseroberfläche und betonen so nochmals deren Reichtum und Ästhetik. Doch nicht nur in den Höfen, auch in den angrenzenden Räumen findet sich das Element Wasser wieder, wie im „Saal der Abenzerragen" und dem „Saal der zwei Schwestern" mit ihren kleinen Wasserläufen. Von der Betonung des Paradies-Aspektes war ja bereits die Rede. Die Natur und der Blumenschmuck sind wichtige Teile der Dekoration, sie genießen große Wertschätzung und der jeweilige Herrscher beweist Geschmack und Respekt vor der Schöpfung. Ebenso spielt das sinnliche Erlebnis eine Rolle, was durchaus auf Besucher beeindruckend gewirkt haben mag. Die Empfangssäle sind bei den Nasriden nun keine Hallen mehr wie in vorhergehenden Palästen, sondern sie haben Kuppelgewölbe, was unter verschiedenen Bauherren gleich geblieben ist als konstante Form. Diese fein ziselierten Muqarnas-Stuckgewölbe haben eine Pyramidenform, daneben schließen sich kleinere Räume an. Es gibt jedoch kein ganz festes Schema, denn die Baugeschichte der Alhambra ist zu heterogen, und jeder Herrscher hatte individuelle Vorstellungen von „seiner" Palastarchitektur. Man kann von einer gewissen Gliederung der Räume, von einer Hierarchisierung von Sälen und Höfen bis hin zur Kleinteiligkeit in Form von Gebetsnischen und Alkoven sprechen. Weiter kennzeichnend und typisch für die Alhambra sind die verwinkelten Verbindungen zwischen den einzelnen Bauwerken. Es geht meist nicht einfach geradeaus zum nächsten Bereich, sondern durch teils schmale Durchlässe, Gänge und um Ecken herum. Bestes Beispiel hierfür ist der „Cuarto Dorado" mit seinen zwei Durchgängen, die je nachdem zum öffentlichen Teil des Palastes führten oder zum privaten Teil. Der linke Zugang ist sogar dreifach abgewinkelt, er führt schließlich zum Patio de Arrayanes, dem berühmten „Myrtenhof". Insgesamt handelt es sich bei der Alhambra um eine Verbindung von Wehrarchitektur mit Palästen, während der sakrale Charakter klar zurücktritt, die kleinen Gebetsnischen sind lediglich Randerscheinungen. Dafür spiegelt sich Religion und Spiritualität in den großartigen Sternengewölben.

Die Alhambra lässt nach wie vor viele Fragen offen. Wie wurden die Paläste tatsächlich genutzt? Wann empfing man im Myrtenhof, wann im Löwenpalast? Wie war das Verhältnis zwischen öffentlichen Räumen und privaten Gemächern? Verblüffend sind manche Details wie die der bildlichen Darstellung an der Decke des Saals der Gesandten. Das Gemälde lässt darauf schließen, dass christliche Künstler am Sultanshof arbeiteten, auch das Abbildungsverbot des Islam scheint zumindest zeitweise recht liberal interpretiert worden zu sein.

Blick auf den Gartenbereich des Generalife.

Historische Reiseberichte

Granada und die Alhambra ziehen seit Jahrhunderten Autorinnen und Autoren aus der ganzen Welt an. Oft ist die Alhambra Sehnsuchtsort und Spiegel romantischer Vorstellungen, dann wiederum wird nüchtern und sachlich über den Stand der Dinge berichtet. Hohen Beliebtheitsgrad erfuhr die Alhambra im 19. Jahrhundert im Zuge der romantischen Bewegung, deren Reisefreudigkeit unterstützt wurde durch erste Anzeichen eines aufkeimenden Tourismus. Archäologische Museen wurden in einer Art Wettstreit unter den führenden Nationen gegründet, wie das Pergamonmuseum in Berlin oder das British Museum in London. Kurzum: Man interessierte sich schlichtweg für alles „Alte" oder auch „Exotische", Hagenbeck in Hamburg veranstaltete beispielsweise regelrechte Völkerschauen und der bayerische Märchenkönig Ludwig II. ließ maurische Elemente in seine Prachtbauten einfließen. In jedem Fall ist es aufschlussreich, welche Beobachtungen renommierte Schriftsteller und Reisende zu ihrer Zeit gemacht hatten. Zum Thema gibt es ausführlichere Literatur, aber diese kleine Auswahl an Zitaten zeigt, welche Anziehungskraft die maurische Palaststadt über die Jahrhunderte auf Menschen aller Couleur ausgeübt hat.

Ibn Battuta

Bereits aus der „Hochzeit" der Alhambra gibt es Zeugnisse über Reisende, die ihre Eindrücke notiert haben. Einer der berühmtesten Generalisten seiner Epoche war der arabische Gelehrte Ibn Battuta. Er war im 14. Jahrhundert der wohl meistgereiste Mensch und erkundete die komplette islamische Welt mit über 120.000 Kilometern Reisestrecke auf verschiedensten Verkehrsmitteln. Eine Reise führte ihn in den Maghreb, dann nach Gibraltar, Valencia und Granada.
Über Churriana de la Vega, wo das historische Treffen der Mauren mit den Christen stattfand, um die Kapitulationsbedingungen auszuhandeln, erreichte er schließlich Granada. Ibn Battuta gab in seinen Aufzeichnungen seiner Begeisterung Ausdruck: *„Dann zog ich weiter nach Granada,*

der Hauptstadt Andalusiens und der Stolz seiner Städte. Ihr Umland ist mit nichts in der Welt zu vergleichen; es erstreckt sich über 40 Meilen, durchflossen vom berühmten Genil und zahlreichen weiteren Flüssen. Paradiesische Gärten, Wiesen und Felder, Burgen und Weinberge umgeben Granada überall."

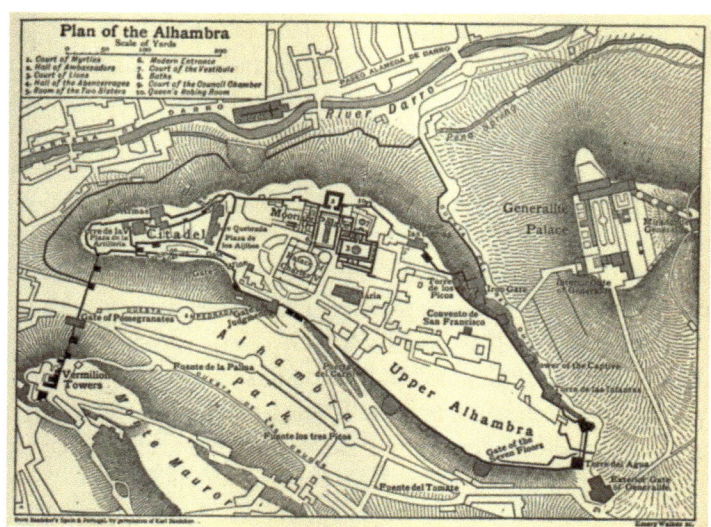

Hieronymus Münzer

Hieronymus Münzer, geboren um das Jahr 1440, war Arzt und als Naturwissenschaftler und Reisender Generalist, eine Art Vorläufer von Alexander von Humboldt. Er reiste im Jahr 1494 nach Granada, also zwei Jahre nach der Übergabe der Stadt an die christlichen Könige. Offensichtlich war er schwer beeindruckt: *„Dort sahen wir unzählige Höfe in blütenweißem Marmor, herrliche Gärten, geziert mit Zitronenbäumen und Myrtensträuchern, mit Teichen und Marmorflächen zu ihren Seiten. (…) In jedem Hof Becken aus weißestem Marmor, in denen fließendes Wasser sprudelte. In einem Gewölbe gab es ein Bad – wunderschön! (…) In der Mitte eines dieser Höfe steht eine große Marmorschale, die auf dreizehn ebenfalls aus schneeweißem Marmor* *gemeißelten Löwen ruht. Aus dem Rachen eines jeden fließt durch einen Kanal Wasser. Ich glaube nicht, dass es in ganz Europa etwas Ähnliches gibt. Alles ist von solcher Pracht, Großartigkeit und so perfekt mit den unterschiedlichsten Materialien gebaut, dass man glaubt, man wäre im Paradies."*

Der weltberühmte Brunnen im Löwenhof.

Washington Irving (s.a. S. 37)

Washington Irving, der selbst einige Zeit als Gast auf der Alhambra lebte, zeigt sich begeistert von der Beständigkeit der alten Bausubstanz speziell des Löwenhofs. 1829 schreibt er in seinen „Erzählungen von der Alhambra": *„Doch sieh! Nicht eine einzige der schlanken Säulen des Löwenhofs wurde verrückt, nicht ein Hufeisenbogen des so zerbrechlich scheinenden*

Peristyls hat nachgegeben." Irving zeichnet, macht sich Notizen und schwärmt: *„Man braucht wirklich keine allzu große Phantasie zu haben und auch nicht verrückt zu sein, um eine schöne Haremsdame zu sehen, die nachdenklich und sinnend durch diese Hallen voll orientalischen Luxus dahinschreitet."*

Richard Ford (1796–1858), englischer Schriftsteller und viele Jahre Polizeipräsident von London

Richard Ford schrieb am 7. Juni 1831 an seinen Feund Addington über seinen Aufenthalt auf der Alhambra: *„Jeglicher Versuch einer Darstellung wäre unmöglich, sowohl mit der Feder als auch mit dem Zeichenstift. Nichts kommt der außergewöhnlichen Schönheit der Alhambra gleich. Wir leben hier mit der wunderbar erfrischenden Brise von den verschneiten Bergen über uns, parfümiert von Tausenden von Weingärten, Orangenhainen und Granatapfelbäumen..."*

Hans Christian Andersen (1805–1875), bekanntester Schriftsteller Dänemarks

Hans Christian Andersen beschrieb während einer größeren Spanienreise im Jahr 1863 auch die Alhambra, namentlich die Puerta de la Justicia: *„An einem großen, künstlich ausgehauenen Marmorbassin macht der Weg eine Biegung, und man befindet sich in einer langen Pappelallee, dicht vor dem Tor der Richter, über dessen pferdehufgeformten Bogen eine offene Hand mit aufgehobenem Finger, und innerhalb, auf der entgegengesetzten Seite, ein Schlüssel ausgehauen sind. Die Worte des Baumeisters sind bekannt: ` die Mauern der Alhambra sollen so lange stehen, bis die Hand den Schlüssel ergreift.'"* Eine schöne Geschichte, die auch gerne im Rahmen von Alhambra-Führungen erzählt wird. Weiter erzählt Andersen von Gemüsegärten auf der Alhambra und von der guten Wasserversorgung. Das Ganze erinnert ihn an eine „Akropolis", ferner berichtet er von einer *„kleinen Stadt mit ärmlichen Häusern"* im Bereich der Kirche Santa Maria. Verzückt von der Pracht der Paläste und den Inschriften erklärt er: *„Die Alhambra ist ein altes Legendenbuch, voll phantastisch geschlängelter Bilderschrift auf Gold und Farben".*

Im Partal-Palast.

Verwendete Literatur

Altet (Hg.), Die Geschichte der spanischen Kunst, Köln, 1997

Marianne Barrucand und Achim Bednorz,
Maurische Architektur in Andalusien, o.J., Köln

Burchard Brentjes, Die Kunst der Mauren, Köln, 1992

André Clot, Das maurische Spanien, Düsseldorf, 2002

Gabriele Crespi, Die Araber in Europa, Stuttgart, 1992

Oleg Grabar, Die Alhambra, Köln, 1991

Markus Hattstein und Peter Delius,
Islam – Kunst und Architektur, Köln, 2005

Horst van Hees, Reclam-Kunstführer Andalusien, Stuttgart, 1992

Peter Hilgard, Granada – Leuchten in der Dämmerung, Bielefeld, 1992

Izquierdo Martínez, Guía de Granada, Madrid, 1993

Cherif Abderrahman Jah und Margarita López Gómez,
El enigma del agua en Al-Andalus, Barcelona und Madrid, 1994

Nina Koidl, Granada – ein literarisches Porträt, Frankfurt, 2001

Sabine Lata, Die Alhambra, Berlin, 2016

Las Rutas de Al-Andalus, Madrid, 1995
Maurice Lombard, Blütezeit des Islam, Frankfurt, 1992

Pöhlmann (Hg.), Spanien Reise-Lesebuch, München, 2004

Ana und Angel Sánchez, Die Alhambra, Granada, 2014

Montgomery Watt, Der Einfluss des Islam
auf das europäische Mittelalter, Berlin, 1988

Andreas Friedrich, Jahrgang 1966, arbeitet seit seiner Ausbildung als Buchhändler in der Branche. Studium der Germanistik, Geographie und Hispanistik mit Auslandsstudium in Granada. Zahlreiche wissenschaftliche Exkursionen und private Wanderausflüge in Spanien sowie nebenberufliche Arbeit als Reisejournalist für Buch- und Zeitschriftenverlage. Mehrfacher Buchautor von Reiseführern.
Hilfreiche Hinweise kamen von Stefan Just (auch Lektorat) und Michael Luck sowie von Angela Baños Sánchez.
Besonderer Dank gebührt auch Tourspain und der Universidad de Granada.

Bildnachweis

Alle Bilder stammen vom Autor.
Historische Gemälde und Pläne sind WikiCommons entnommen.